小学生的自主学习法

[日]筱原菊纪／著

[日]松浦箱子／绘

张越／译

民主与建设出版社

·北京·

五十里美知留

　　恭介的妈妈。对工作与育儿都倾注全力，有时也会盲目冒进。儿子恭介沉迷网络视频，不好好做作业，让她十分担忧。恭介说"我长大后想当视频博主"，这仿佛给了美知留当头一棒。美知留自己最近也沉迷于社交网络。

五十里恭介

　　美知留的儿子。是一个元气满满的小男孩，平时练柔道。最近完全沉迷于网络视频，未来的梦想是当个视频博主。

玉爷爷

　　在玉岛公园出没的神秘老人。有传说称，只要向他讨教后，孩子就会自己爱上学习。美知留想让恭介好好学习，便抱着半信半疑的心态去找玉爷爷试试看……

竖起
耳朵

开始自觉地做作业、预习复习功课了，真的太好了！

我家孩子也是！

太好了！

果然去讨教是有用的！

呜！

啊！！

最重要的部分没有听到！！

你是说玉爷爷吧？

啊

优子啊！玉爷爷是哪位？

我也是最近有所耳闻……

4

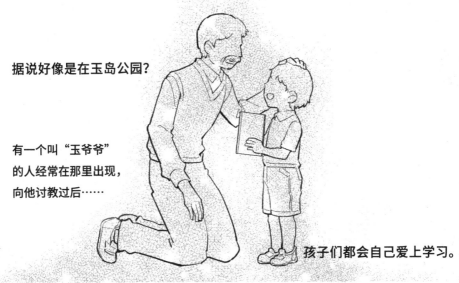

据说好像是在玉岛公园?

有一个叫"玉爷爷"的人经常在那里出现,向他讨教过后……

孩子们都会自己爱上学习。

太夸张了吧!只是讨教一下,说几句话怎么会有这样的效果?

……据说那个人

是一位脑科学的研究学者!

玉岛公园

最后还是来了,脑科学的研究学者啊……

5

就让孩子喜欢上学习就好了嘛！

扑通

您是在开玩笑吗?!

你是哪位啊，怎么了？

站起

我……我叫五十里美知留

我听说您有让孩子自己爱上学习的方法。

刚才说的你没听见吗？

就是"让孩子喜欢上学习就好了"。

因为喜欢的事情是可以牢牢记在心里的。

7

9

12

前言

再也不要催促孩子"快去学习"了

感谢每一位翻开这本书的读者。

本书是运用脑科学与临床心理学的知识编写而成的，目的是鼓励孩子们开始自主学习，收获了众多好评。

首先，我想问大家一个问题。

你觉得学习好的孩子是什么样子的呢？

请带着这个问题阅读此书。

本书的主人公是五十里美知留和她的儿子恭介。美知留曾经因为恭介不听自己的话而每日烦躁不安，最终陷入自我厌恶的情绪中。而后来因为学习了"不发火的育儿法"，与儿子构筑了健康快乐的亲子关系。

可是，即使亲子关系有所改善，美知留却再次陷入迷茫。因为恭介在课余时间沉迷网络视频，声称"将来的梦想是当个视频博主"。美知留这次又迎来了新的烦恼——孩子不学习。

在美知留一筹莫展之际，遇到了一个叫"玉爷爷"的脑科学家，于是美知留便向他讨教了以脑科学为基础的"让孩子自己爱上学习的育儿法"。

在他们第一次见面时，玉爷爷说："要想让孩子爱上学习，就让孩子喜欢上学习就好了嘛！"美知留感到很失望，但其实这并不是一句玩笑话。

让孩子自觉去学习，关键问题并不在于怎么改变孩子的想法，而在于要怎么处理亲子间的关系，让父母的思维与孩子的大脑之间产生联系。

父母当然都希望孩子可以爱上学习，但有时他们的行为使得结果适得其反，反而让孩子们对学习避之不及。残酷的事实是，有时阻碍孩子爱上学习的正是父母本人。

那么，怎么做才能让孩子爱上学习呢？这就是本书最想告诉大家的。但在此之前，请记住以下事项。

那就是：孩子不喜欢被父母告知自己应该做什么。

虽然孩子们不知道自己生气的原因，但会没有理由地想要反抗父母。无论是父母、老师，还是社会，越是告诫孩子们一些近乎常识、理所当然的事情，就越容易让他们叛逆。

大家在小的时候，是否都有以下类似的经历呢：父母越是催促你"快去学习"，你就越没有学习的劲头；父母越是鼓励你"加油学习"，你就越想离课本和书桌远远的。

这就是"学习"横亘在平衡、健康的亲子关系中的情况。

打破这种局面的一个关键就是让父母自己爱上学习。父母树立一个快乐学习的好榜样，让孩子知道学习是一件很有趣的事情，并让孩子比你更想学习。

"我家孩子根本就不学习。怎样才能让他学习呢？"

"怎样让孩子喜欢上学习呢？"

本书的任务就是回答这些问题，而其中一个答案已经在上文中给出，那就是你自己必须相信学习是一种乐趣。

如果你做不到，那就减少催促孩子"快去学习"的次数。

从科学的角度来看，让孩子爱上学习的诀窍就是在孩子开始认为学习很有趣的时候再催促孩子"快去学习"，这样才最有效，尽管很多时候让孩子发现学习的乐趣是一件很困难的事。

要当作真理一样去相信：

学习知识，是生而为人至高无上的乐趣之一。

所以，让我们一起学习吧。

学习的过程充满了深刻的快乐。

就像玉爷爷说的一样，父母不要对孩子絮絮叨叨，多给予他们温柔的鼓励，即使只学习了5分钟也要积极表扬，并且展露笑容，让他们知道："学习是很有趣的事哦。"

这就是爱学习的孩子们大脑中最坚固的地基。只有认同"学习是一种乐趣"，在学习的过程中才能产生愉悦感，从而自己爱上学习，这是极为重要的关键。

还有，最为重要的就是父母要给予孩子信任。

虽然这句话已经算是陈词滥调了，但要想让亲子关系趋于良好，让孩子自己爱上学习，大前提还是要信任孩子。

社会正在向少子化、老龄化发展，孩子的数量日趋减少，却要支撑起整个社会的发展。因此，必须提高每一个孩子的能力，才能应对严峻的社会局面。

不仅仅是为了自己的孩子，也为了所有的孩子，更是为了未来的孩子们。

首先，行动起来吧，让自己的孩子把学习当作一种乐趣！之后再感染身边的孩子们和父母们，告诉他们"学习是一种乐趣"吧！

公立诹访东京理科大学教授　筱原菊纪

目录

第三章　培养学习兴趣的步骤　提高记忆力

第四章 向着未来跃进 达成目标

尾声

终章

第 一 章

脑科学是什么

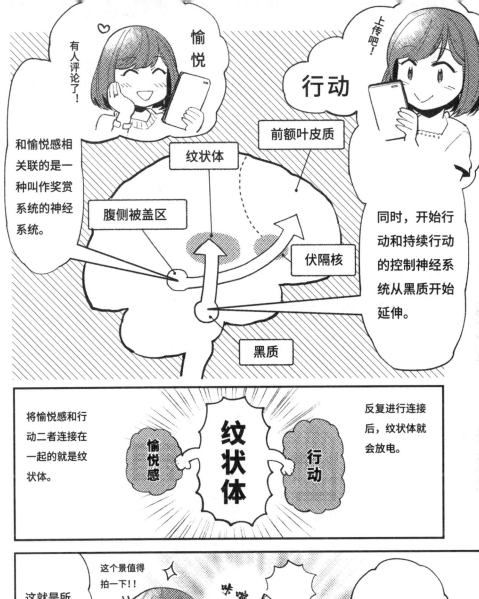

和愉悦感相关联的是一种叫作奖赏系统的神经系统。

同时，开始行动和持续行动的控制神经系统从黑质开始延伸。

愉悦

行动

前额叶皮质

纹状体

腹侧被盖区

伏隔核

黑质

将愉悦感和行动二者连接在一起的就是纹状体。

反复进行连接后，纹状体就会放电。

纹状体

愉悦感

行动

这就是所谓的上瘾状态了。

这个景值得拍一下！！

纹状体一放电就产生"干劲"了呀。

赶紧上传！！

5

接下来……

孩子爱上学习的大脑神经回路

这样的大脑神经回路你觉得怎么样?

血清素系统
坐在桌子前就会感到放松。
放心

前额叶
集中!

多巴胺神经系统
不知不觉中不停地学习。
行动

纹状体
连接!

多巴胺神经系统
学会啦!
愉悦

海马体
正在记忆!

杏仁核
我喜欢!

对对,就是这样!

如果能这样就……

好了……

沉默……

啊哈哈

现实也太艰难了……

爱上学习的前提是开始学习……

对呀，

你的大前提就不对了。

肚子饿了！

学习并不像吃饭、睡觉一样可以不费心就能自然而然地完成。

困了。

还是看视频更有趣

能自然而然地完成学习过程，反而是不自然的。

但是

这么说的话，自主爱上学习这样的事情是不可能发生的呀！

也不是这样的哟。

视觉

记忆

听觉

其他

发生的事件

将五感信息和记忆结合串联起来的，

是一个叫作"海马体"的器官。

海马体

刺激海马体就可以帮助记忆了。

刺激？怎么刺激？

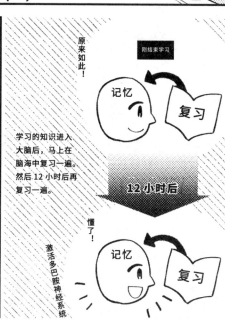

原来如此！

刚结束学习

记忆

复习

如果感到惊奇或者有趣，这类情绪有助于形成持久记忆。

学习的知识进入大脑后，马上在脑海中复习一遍。然后 12 小时后再复习一遍。

12 小时后

懂了！

记忆

复习

激活多巴胺神经系统

12 小时后……也就是说……

半天后

正好是放学回家学习的时候呢。

11

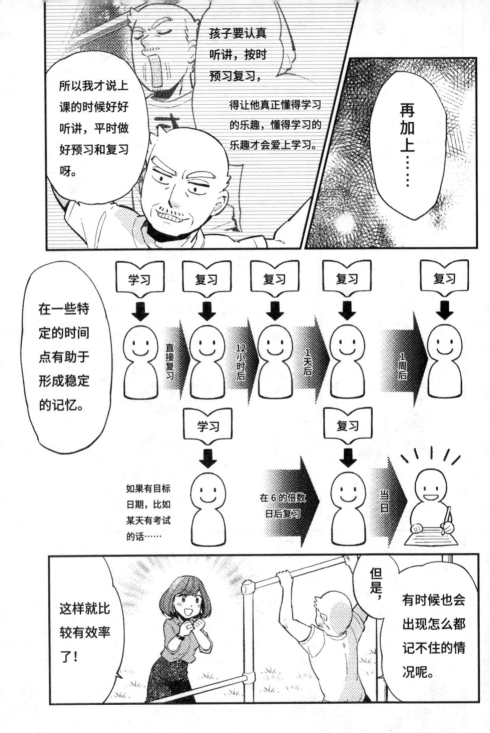

所以我才说上课的时候好好听讲，平时做好预习和复习呀。
孩子要认真听讲，按时预习复习，
得让他真正懂得学习的乐趣，懂得学习的乐趣才会爱上学习。
再加上……
在一些特定的时间点有助于形成稳定的记忆。
学习
复习
复习
复习
复习
直接复习
12小时后
1天后
1周后
如果有目标日期，比如某天有考试的话……
学习
在6的倍数日后复习
复习
当日
这样就比较有效率了！
但是，
有时候也会出现怎么都记不住的情况呢。

……话虽如此,

但我真的没有喜欢过学习呢……

突然消沉

我说你啊,

包上的钥匙链是不是太幼稚了?

哈?!

你管得也太多了吧!

唉……

学习啊……

嗯……语文和数学都不太擅长呢……

气呼呼

气呼呼

真是个奇怪的大叔……

16

但是好想让玉爷爷教给我让孩子爱上学习的方法啊……

这和钥匙链有什么关系呢?!

这钥匙链不是挺好的吗?

旅游的时候看到,觉得喜欢就买了。

上田 信州

旅游……

对了!

旅行不就是在社会大学中的学习吗?!

当当!

之前因为不清楚都、道、府、县的位置还查过这张地图呢。

在查地图的过程中了解了当地的特产、历史，就体会到其中的乐趣了。

也查了些网红打卡地!

鱼沼
××年
×月×日
米和酒

上田
温泉
真田幸村

草津

富冈制丝厂

……让孩子看到父母乐在其中的样子吗?……

18

19

像对游戏上瘾一样爱上学习吧！

　　总是会被社交网络上的评论治愈心灵，不知不觉中就刷起了手机，废寝忘食地沉迷其中，美知留这样的状态就是"上瘾"。我常年使用多频NIRS脑测量机器研究脑部活动，也研究在一些容易沉迷的行为下的脑部活动，如玩弹珠机、游戏、微博、QQ等。

　　游戏上瘾、刷微博上瘾、购物上瘾、奢侈品上瘾、恋爱上瘾、韩流上瘾、药物上瘾、Cosplay上瘾、动漫上瘾、研究历史上瘾……

　　人会对各种各样的东西或者行为上瘾，虽然大家称之为"上瘾"，其实不如说是"依赖"。

　　说是"依赖"不如说是"依赖症"更贴切，但是不管是轻度上瘾还是重度上瘾，上瘾脑机制都大致相同。

　　如果好好利用这种上瘾脑机制、沉迷脑机制，就可以让孩子像喜欢玩游戏、喜欢玩社交网络一样喜欢学习，能够自己主动坐在书桌前学习。

产生干劲主要靠纹状体

上瘾状态的大脑到底是什么样的呢？和不情不愿去学习时的大脑有什么不同？接下来我们就这个问题进行说明。

在前面的序章中，玉爷爷也说了："对上瘾状态的大脑进行研究后，发现是多巴胺神经系统在工作。"多巴胺神经系统又叫奖赏系统，在兴奋、愉悦、得到成就感以及被褒奖后都会积极运作。

不论是陷入爱河、享用美食，还是躲避危机、达成成就，都会造成多巴胺神经系统的活跃。

多巴胺神经系统对愉悦感和成瘾产生主要作用。

但是，仅凭掌控愉悦感的奖赏系统，是不足以让孩子像喜欢玩游戏一样爱上学习的。想要爱上学习，就要搞清楚多巴胺神经系统是怎样开始一个行动、持续行动以及控制行动的。

奖赏系统从腹侧被盖区开始，经过伏隔核，最终到达前额叶。另一条多巴胺神经系统通路是从黑质到纹状体。纹状体的腹侧（下侧）有掌控愉悦感系统的多巴胺神经通向纹状体的通路。在这里释放出的"愉悦感"和纹状体的"行动"进行连接，反复多次纹状体便会放电，这就是上瘾状态。

也就是说，产生干劲主要靠纹状体，纹状体放电就会产生干劲。

用脑科学的相关术语来解释很难听懂吧？简而言之，就是无意识地做某件事，如果这件事让人心情愉悦，就会不知不觉持续下去。

上课的时候，经常会有同学用手指转笔。这种无意识的行为也是上瘾的一种。对于做这件事的本人来说，这就是无意识的愉悦感，所以才会不知疲倦地一直转下去。

人人都有上瘾脑神经回路

　　纹状体将无意识行为与愉悦感连接起来，激活多巴胺神经系统积极地工作。就是因为大脑中有这样的机制，所以才容易产生"察觉时才反应过来又在重复做某件事""不知不觉中反复做某件事"这样无意识的行为。

　　比如说，香烟刺激腹侧被盖区，激发掌控愉悦感的多巴胺神经系统活跃工作。同时，点火、吸入、松弛、发呆地看着香烟尾巴拖出的烟雾等所有这些行为，都会被多巴胺神经系统与愉悦感联系在一起。

　　下决心戒烟后即使把烟扔进垃圾桶，无意间看到还会下意识捡回来，或者大半夜也要跑去便利店买烟，这些都是无意识的行为，换句话说就是产生了一种渴望。

　　从这个意义上来说，无意识行为和愉悦感的连接是很可怕的。

　　虽说如此，可上瘾脑绝不是危险至极的大脑神经回路，也绝不能说上瘾脑是药物依赖症特有的一种大脑神经回路。

　　如果好好运用这种上瘾脑的大脑神经回路，是可以产生极其强大的力量的。正是因为有这种神经回路，我们才能有意识地增加这些促进愉悦感产生的行为，才能每天吃饭维持生命，才能努力工作生存下去。这是我们生存必需的神经回路，是我们人人都有的神经回路。

欢欣鼓舞的心跳是纹状体的最爱

如果利用好上瘾脑的神经回路，就可以让人爱上学习。

让孩子爱上学习的一个关键点就是想方设法让与学习有关的行为和愉悦感联系在一起。因此，父母可以做的第一步就是观察孩子会对哪些事物产生兴致。

你的孩子开始兴致勃勃地玩一款新游戏时，在喜欢的明星的演唱会中激动万分时，在微博上收获大量点赞而兴高采烈时，从大脑中的腹侧被盖区，到额头附近处额叶的多巴胺神经系统，都在活跃地工作着。

因开心或激动而引发的心跳加速是纹状体的最爱。换言之，这就是上瘾脑神经回路的养分。

那么对于不擅长学习的孩子们来说，哪些时刻会因学习而产生开心或激动的心情呢？

这些孩子们有着相同的特征，就是很难在学习的过程中发出"完成了！""做完了！""欸，真是有趣！""原来如此啊！"这样的感叹，从而产生愉悦感。

但是即使如此，这些孩子在被表扬时也会产生类似的愉悦感。

从很早以前开始，就一直存在着一种 "让孩子在表扬声中长大"的教育理念，从脑科学的领域来看，这是有一定根据的。其中一个证据就是英国学者舒尔茨用猴子作为实验对象进行的实验。

反复进行一学习就表扬的行为
可以活跃纹状体

剑桥大学的沃尔夫拉姆·舒尔茨通过在猴子舌头上滴果汁来研究多巴胺神经系统的活动。

猴子喜欢果汁，在猴子的舌头上滴下一滴果汁，多巴胺神经系统便会进行反应，脑活动数据最终形成一条正弧线。

接下来，他用一个装置训练猴子，这个装置亮起红灯之后，拉下拉杆就会有果汁滴落。经过反复训练，猴子每次看到红灯亮起就会去拉下拉杆。这时再观察它的多巴胺神经系统，会发现产生反应的时刻不再是果汁滴在它舌头上的时刻，而是看到红灯亮起就会发生反应。而且在更短的时间内，数据形成了一条弧度更陡的正弧线。

如果进行这样的替换：

果汁→表扬（奖赏）

拉下拉杆→学习

就可以产生这样的类比：

红灯→促使孩子开始学习的刺激

从这个实验可以看出，只要反复进行—学习就表扬的行为，当孩子在考虑要不要去学习时，纹状体就会开始活动，最后就会下意识地选择去学习。

即使孩子只学习了30分钟也表扬表扬他吧！毕竟坚持超过20分钟都没放弃的孩子绝对不是没有毅力的孩子。

更何况现在的孩子连书桌长什么样子都不记得，能坐在书桌前已经是很了不起的事情了。请发自内心地感到惊喜，真心实意地表扬。而且要在孩子一坐在书桌前有想要开始学习的迹象时就马上进行表扬。

在观察孩子变化的时候，先忘记自己理想中的孩子，只对眼前的孩子和他们以前的样子进行比较。我想，这样的话，找出积极的变化是一点都不难的。

表扬教育法也有缺点

不依赖老师的指导，一边试错一边机械地适应新环境的方法就叫作"强化学习"。

表扬是强化学习的基本，但这个方法存在几个问题。

最大的问题是必须要持续给予奖赏。

前文提到的实验还有后续。当猴子拉下拉杆，不再有果汁滴落时，猴子的多巴胺神经系统活动便停止了。通俗地说，就是变成了大脑一片空白的状态。

不管是猴子还是人类，心里默认会出现的东西没有出现时，都难免会产生沮丧泄气的情绪。

以前我一学习爸爸妈妈就会表扬我的啊，为什么今天就没有表扬我呢？这时，孩子大脑中的纹状体就会停止活动，完全丧失学习的劲头。

另一个问题是，奖赏将变得不再是奖赏。

每次给予果汁时，灯一亮起，多巴胺神经系统就会发生活动，而实际得到果汁的时刻却不再有反应。如果以"这样做的话，100%

会得到奖赏"为条件，实际上的奖赏就不再是奖赏了。

经常进行表扬是很重要，但是当学习就一定会得到表扬一事变得理所当然，那么表扬效果的价值就会消失。

适可而止是激活孩子纹状体的诀窍

在下一个阶段中，红灯亮起，猴子拉下拉杆后，将滴落果汁的概率调整为50%～70%，就是将一定会滴落果汁的确定状态改变为有可能会滴落果汁的不确定状态。

这种不确定的条件叫作赌博条件。在赌博条件下，虽然需要花时间去学习，但最后的结果是红灯亮起时与果汁滴落时都会产生反应，多巴胺神经系统的活动曲线产生了两个峰值。

对于果汁这一个奖赏，产生了两次愉悦感，一次是预期奖赏的愉悦感，一次是得到实际奖赏的愉悦感，并对实际奖赏产生感激的情绪。

一个实际奖赏可以产生两次愉悦感，可以说是事半功倍了。

所以，一开始每次都要给予奖励或者表扬，但之后给的奖赏要适可而止，就像掷骰子一样具有不确定性，也可以扩大给予奖赏的周期。

就像在近身战时先要刺拳连打，之后再进行一击脱离①一样。如果在合适的时候进行表扬，就会增加表扬的效果，最终使孩子保持学习积极性。

———————————

① 拳击用语，表示打一拳就离开的一种击打方式。

最完美的上瘾脑神经回路中
最不可或缺的就是耐心

与掌管兴奋情绪的多巴胺神经系统相对，血清素系统掌管着安心、放松等具有安慰功能的神经递质。血清素系统可以使人保持镇静，抑制不安情绪，因此也被叫作大脑的安定化装置。

血清素对培养耐心也发挥了重要作用。

在赌博条件下，不确定能否获得奖赏的体验会强化大脑内的安定机制，即使推迟奖赏，血清素系统也会积极活动。血清素系统如果可以积极活动，就会倾向于长期奖赏，比起眼前的愉悦，会优先选择将来的愉悦。

这就是所谓的"耐心"。这种"暂缓延期"的反复实施可以使人心情平静。

而如果血清素系统不能正常工作的话，就无法培养出耐心，会开始渴望不间断地被表扬，渴望自己有能力解决一个又一个的问题，或者渴望强迫性的兴奋感与愉悦感，最终陷入上瘾状态或者易怒状态的泥潭，不能自拔。

培养耐心所需要的安定镇静的愉悦感是制造上瘾脑神经回路中一个重要的关键点。兴奋的愉悦感再加上安心镇静的愉悦感，就能组成最完美的上瘾脑神经回路。

学习的乐趣会不期而至

　　美知留即使了解了最完美的上瘾脑神经回路，也要面对在爱上学习前必须要开始学习的残酷现实。于是玉爷爷对美知留说道："你的大前提就不对了。"

　　"学习并不像吃饭、睡觉一样可以不费心就能自然而然地完成。能自然而然地完成学习过程，反而是不自然的。"

　　接下来将就此进行更加详细的说明。

　　遗憾的是，"回过神来已经在学习""自然而然就去学习了"这样的情况并不会在大脑的促使下发生。虽然呼吸、喝水、吃饭都是产生欲望后下意识自然而然进行的行动，但对于大脑来说，学习仍然是极为不自然的行为之一。

　　但是，可以将孩子的大脑向不由自主地学习的方向引导。就像喜欢玩游戏的孩子会不知不觉开始玩游戏，喜欢玩手机的孩子会不知不觉地低头刷手机一样，让孩子在不知不觉中开始学习也是可以做到的。

　　玉爷爷说："学习是积累知识的过程，会在某一个时刻突然变得很有趣。"学问是一种积蓄型的知识网络。刚开始学习的时候，知识只是一些散落的点，在不断地积累后，这些散落的点会一下子有机地联系起来。就像电影和电视剧里的伏笔渐渐联系在一起，一下将观众视野拓宽了一样。

"这个地方在之前提到过！""之前的故事和这里的情节联系上了！"

发现这些"伏笔"无疑也会产生一种愉悦感。

但遗憾的是，这种愉悦感（这里指学习效果）与学习时间和努力的程度是不成正比的。如果一努力就有相应的效果，那么就会产生巨大的学习动力了。但是学习能力的进步曲线如下图所示。

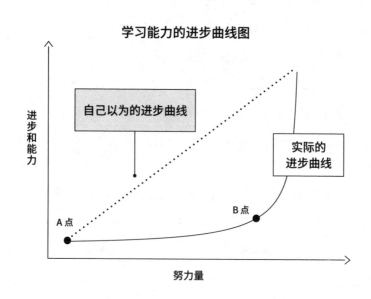

学习能力的进步曲线图

刚开始学习的位置处于A点，之后会有一段时间持续在低点徘徊。在这段无聊又难耐的过程中，就会有很多孩子放弃学习和努力。

　　但是只要熬过这段时间，孩子就会在某一天忽然突破瓶颈到达B点，看到一个新的世界。

　　他们会惊呼道："我懂了！""好有趣！""原来是这样！"

　　这个在B点发生的突破就是学习产生的愉悦感。

巩固记忆的诀窍就是预习、听讲、复习

　　美知留即使理解了上瘾脑神经回路，理解了学习能力的进步曲线，但还是期望有一个更加简单、可以速成的捷径。于是玉爷爷传授给了美知留一个可以巩固记忆的小技巧。

　　大脑中的海马体与记忆的制造产出有着很深的关系，这基本上是人人皆知的常识。海马体有小拇指大小，位于耳旁的大脑深处，左右两侧各有一个。

　　长时程增强作用经常可以在海马体中被观察到。海马体中的神经元①将轴突②延伸，形成一个完美的连接环，如果稍微刺激其中一部分，与其连接着的神经元也会活动。

　　这时，如果给予神经元反复或强烈的刺激，再或者同时从多处给予刺激，那么此后哪怕施加小小的刺激，神经元也会增强，并会长时间持续活动。

---

① 神经元：神经细胞。

② 轴突：将细胞体发出的信号传递给其他神经元的神经细胞组成部分。

这就是所谓的长时程增强作用，是记忆产生的根源。

因此，不断重复可以有效巩固记忆。

只要留下印象就很难忘记了。

有一个和海马体相关的有趣实验，以大鼠为实验对象，主题为将短时记忆巩固为长时记忆。实验结果证明，巩固记忆的黄金时间点是学习12小时后。在学习结束12个小时之后，如果BDNF（脑源性神经营养因子）和多巴胺再次工作的话，该记忆就会巩固为长时记忆。

多巴胺神经系统在兴奋、愉悦、获得成就感以及被褒奖后都会产生活跃。因此在学习结束大概12小时后，让多巴胺神经系统兴奋起来，愉快地复习功课，感受到"学习真有趣"的兴奋，就有可能帮助此记忆巩固为长时记忆。

对于孩子们的日常生活来说，12小时大概就是"预习→学校""学校→复习"的一个循环时长。其中最重要的部分就是学校里的课堂，如果没有课堂的部分，那么这个12小时的循环将无法成立。

要看重学校的课堂时间，调动起积极兴奋的情绪来听讲。总而言之就是让多巴胺神经系统活跃起来进行学习，尽可能提高促进记忆巩固的可能性。

虽然关于学校的课堂仍然有各种各样的意见，但从大脑的构造来看，忽视学校课堂，只想通过课外补习班和放学后家中的自习提高学习成绩，反而是最没效率的。无论如何，"预习→上课→复习"的重复循环才是成为"好学生"的理想周期。

关于预习与复习的详情将在第三章中详细介绍。

欲速则不达！
只有认真学习才能快速理解

所谓学问，是学者们众多的惊奇发现累积起来形成的体系。不仅是理科，文科的学问也一样，在教科书中的排序都是有逻辑有条理的，从而使人更容易理解。教科书里章节、单元的划分，本质上都是含有深意的。

因此，认真学习、认真理解知识才最能够促进记忆。

记忆与理解等价。充分理解之后，这些内容会像一个故事一样互相联系在一起，这会让人更容易将感情投入故事中，并受其触动。毫无疑问，学问是知识的体系，但是同时，一个一个惊奇的发现激起了人们内心的感动，因此也可以说，知识是由感动构成的体系。

充分理解知识就是不断重复体验发现这些学问时的感动，体验到这种感情就会让杏仁核容易被激活，海马体中的记忆也更容易被巩固。

将你想要记住的事情加入感情进行理解，这样就会调动起越来越多的感情与情绪，从而提高记忆效率。与此同时，还会伴随着愉悦感。

这就是沉迷学习、爱上学习的本质：由理解世界而产生的愉悦感。在学习能力进步曲线图中B点发生的突破，就是因为这种情感的投入吧。

好了，让我们暂且将抽象的话题放在一边，正如玉爷爷所说，最重要的是父母真心认为学习很有趣、喜欢学习。这与大脑中的机制——镜像神经元有关，接下来会在第二章中详细解说。

你也许听说过镜像神经元这个词，但你知道这个大脑机制会让孩子在不知不觉中模仿父母吗？都说父母是孩子最好的老师，从脑科学的角度来看，这确实是一个不争的事实。

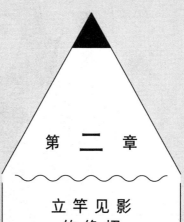

第 二 章

立竿见影
的绝招

养成好习惯是第一步

49

※MIT = Massachusetts Institute of Technology（麻省理工学院）

父母进行积极努力的行为

积极努力

每次取出玩具需要
花费大概 30 秒 × 2 回 = **60 秒**

B **父母进行简单轻松的行为**

轻而易举！

每次取出玩具只
花费 10 秒 × 3 回 = **60 秒**

以此 2 组作为对照条件，当宝宝用力按下
按钮发出声音时，就把玩具给宝宝玩。

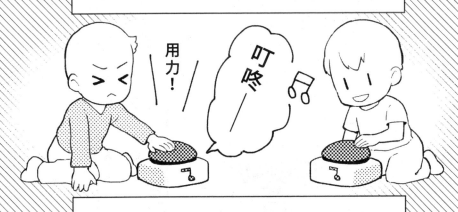

用力！

叮咚

结果为……

用力！

叮咚

A 组宝宝比 B 组宝宝按下按钮发出声音的次数多了 2 倍。

父母在孩子面前努力用功，树立榜样的话，

就可以培养出孩子刻苦用功的态度以及自制力哦。

呼 呼 呼

欸……

"父母是孩子最好的老师"这句话看来是真的呢。

52

啊！那就是说，如果我再不控制一下自己对社交网络的沉迷就糟糕了……

我说啊，如果对学习产生兴趣的话，那就赚大了。

现在是养成习惯的好机会哦。

养成习惯？

学习行为原本不是自发的，但可以养成让孩子自觉去学习的习惯啊。

真……真的有吗?!具体怎么做?!

……我之前告诉过你，会传授给你技巧的吧？

53

不要光想着"不得不去学习了"……

要在脑子里想象一下学习时的自己会做哪些行动!!

想象行动?

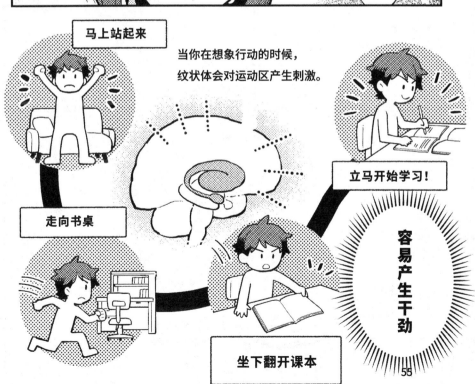

马上站起来

当你在想象行动的时候,纹状体会对运动区产生刺激。

立马开始学习!

走向书桌

容易产生干劲

坐下翻开课本

55

什么行为都可以作为仪式对吧?

是的,

想要快速进入学习的话,就要确定目的。

但是,

有时候即使已经开始学习了也会无法集中精神。

没错

没错

这种时候

就越要强迫自己认真地看!!

只是……看着?

是"认真地看"哦。

人在集中精神时前额眼动区就会被激活,

前额眼动区

集中精神

激活

前额眼动区控制着眼球,

所以当人在认真盯着某件事物看时,注意力就会恢复了。

盯

57

让孩子不知不觉中模仿父母行为的
镜像神经元是什么？

美知留开心地喊着"玉爷爷"，又回到了玉岛公园。第一章结尾的时候，玉爷爷给美知留布置了一个作业："你要真心地喜欢上学习。"现在看来，美知留已经理解了其中的深意。

孩子们大多不喜欢对父母言听计从。然而，即使他们把父母的话当耳旁风，大脑还是会无意识地模仿父母的行为。

在脑科学中，当两个人之间发生交流时，大脑会做出相同活动的倾向。举个例子，如果你的面前有个人转了下手腕，那么在他做出转手腕的动作时，他的大脑中转动手腕所需的大脑区域，如前运动区、运动区等相关运动区域都会开始活动。这时，即使只是看着对方的手在转动，你大脑中的神经元（神经细胞）也会产生活动，就像自己转动手腕时一样。

这种大脑机制叫作"镜像神经元"或者"镜像系统"，"镜像"即为下意识的模仿。也就是说，人的大脑中存在的神经细胞，可以将眼前的人的动作、意图甚至感情都反映出来。

美食节目向观众呈现着热气腾腾的拉面，看到这样让人食指大动的场面，自己也会产生强烈的品尝欲望，看到别人痛苦的记忆，自己也会产生共情与他感同身受，这都是由于镜像神经元在工作。

由于镜像神经元的存在，其实"过目不忘"理论上是可以实现的。同时，我们的行为和性情都会被孩子"看在眼里"，孩子的大脑容易下意识模仿我们，做出相同的行为。

从第二章介绍的研究结果中也可以看出，父母积极努力的行为会影响孩子是因为镜像神经元的作用。与此同时，也经常会有这样的情况：当孩子用脚把门踢开时，妈妈提醒他："这样可没有教养。"孩子反而顶嘴道："老妈你不也这么干吗？"父母只能哑口无言。

镜像神经元的模仿力不容小觑。父母和子女在一起生活的时间越长，镜像神经元的影响力越大。"父母是孩子最好的老师"这句话用脑科学来解释的话，就是孩子会通过镜像神经元来模仿父母的行为。

如果孩子是在早晨效率高、早晨学习更容易学得进去的类型，那父母就要给孩子树立一个每日早起、勤奋惜时的榜样。只要父母首先行动起来，无须任何言语催促，之后只管交给孩子的镜像神经元就可以了。

提高干劲与注意力的"启动仪式"

在美知留费心费力的督促下，恭介开始像玩游戏一样享受学习，玉爷爷说这就是培养习惯的机会。父母给孩子树立了榜样，孩子因此变得对学习抱有兴趣时，就是培养自主学习习惯的大好时机。

习惯是指日常的固定行为，也可以说是通过一次次的重复，自然掌握的行动模式。

但是，正如第一章所说的那样，对大脑来说学习本来就是一种非自然的行为。正因为原本就是非自然的行为，所以放任不管肯定不会有干劲。有不少孩子实际上是想要集中精力学习的，却怎么也提不起干劲。

于是玉爷爷建议美知留："不要光想着'不得不去学习了'，要在脑子里想象一下学习时的自己会做哪些行动。"这就是我所讲的"启动仪式"，是提高干劲与注意力的脑科学技巧。

万事开头难，开始去做某件事对大部分人来说都是很难的。于是，有效利用"启动仪式"可以更容易进入学习状态。

　　"启动仪式"不拘泥于任何形式，玉爷爷教给美知留的那些"学习启动仪式"就是其中的一部分。

　　给自己制造仪式的要点是，将要做的行动像动态影像一样具体地想象出来。如果只是在脑中告诉自己"该去学习了"，只会激活大脑皮层中的语言区，而无法激活运动区。

　　立马起身，走向书桌，利落坐下，打开课本，孜孜不倦。

　　像这样，将具体的行动像影像一样真实地想象出来，纹状体便会受到来自大脑运动区的刺激，更容易产生干劲，付出实际行动，起身走向书桌开始进入学习状态的概率就会提高。

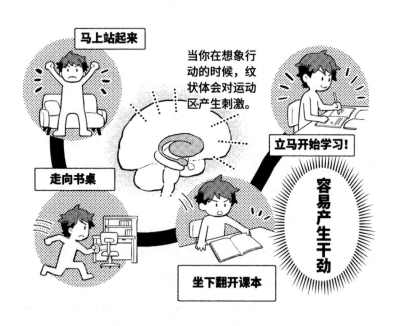

先打开上瘾脑神经回路的"开关"

用稍微专业一点的话来说，大脑中维持注意力的部分是额叶。

尤其是额叶的内侧面，具有维持注意力、抑制过度的集中力、抑制感情和控制欲望的功能。

因此，激活额叶的内侧面是提高注意力的决定性因素，也是产生良好注意力的源泉。

额叶在人25岁以后30岁之前才会完全发育成熟，但在整个发育过程中，初、高中时期的额叶尤为发达。

当"启动仪式"模式化，进入学习状态的方法就会成为习惯，这会使额叶镇静下来，形成"待机"状态。于是只要一开始学习，放松的愉悦感就会随之而来。

在这种状态下开始学习，会因为学习而产生兴奋感，就像打开了上瘾脑神经回路的中心——纹状体的"开关"一样。如果可以打开干劲的"开关"，那么维持干劲也会变得轻松。因此，形成模式化的"启动仪式"十分重要。

调动干劲与注意力，最重要的就是先动身开始付诸实践。不付诸行动的话，大脑无法被激活，也提不起来干劲。如果没有干劲，持续这样拖拖拉拉的状态，就无法得到成就感，最终会陷入无止境的恶性循环当中。

虽然不情愿但仍然选择开始学习的话，心情也会逐渐变好，使纹状体开始活动起来。当干劲逐渐高涨起来的时候，大脑也会自动转移到集中模式。

"没想到一学习起来竟意外地感到有意思！太有趣了！"

这样的经验是孩子的财富，在一次次的积累后成为资源，帮助完善孩子的上瘾脑神经回路。

将孩子学习的区域专有化

在可以应用学习启动仪式后，就要考虑选择一个可以沉下心学习的地点和环境了。

特别是对于那些容易被环境影响学习效率的孩子。

以前有本书叫作《好学生成长的家庭》，以考上名校的孩子的家庭为原型，受到了广泛关注。"好学生"一词容易给人留下在自己房间里默默学习的印象。

但在接受电视节目采访时，大家才知道考上名校的孩子与想象中的相反，会在开着电视的客厅学习，或者在家人吵吵闹闹的餐桌上学习。

据接受采访的孩子说："在有家人的房间里学习反而更能集中注意力。"

这就是"环境依赖"最好的例子。

"因为没有自己的房间所以不能集中精力学习"，这是想逃避学习的孩子找的借口。虽然，有时电视的声音与房间里的杂音会妨碍集中精力，但是也不是说只有安静的环境才能让孩子集中精神。

环境依赖并没有什么特别。当我们旅行归来的那刻，感叹道"果然还是自己家最好"，这就是对自己家的一种依赖。在旅途中遇到不愉快的事情时，人之所以会无缘无故地想念自己的家，是因为每次回到家里，都会产生安稳、安心、放心的感觉，而这些都被大脑记录了下来。

不管在旅行中遇到了多么开心的事情，还是觉得自己家最好，这是因为我们的大脑知道，家才是最能治愈灵魂、放松心灵的地方。

把孩子可以沉下心来学习的地方变成一片专用区域吧。首先要决定这片专用区域的位置，养成到了学习时间就去那里学习的习惯。

让这片地方永远保持整洁，让书本保持随时都可以被翻开的状态。每当孩子走向那片区域就进行表扬，要有耐心地重复这样的行为。

孩子开始学习后，自己也关掉电视开始看书吧。如果可以的话最好和孩子一起学习。请让孩子看到你津津有味学习的样子吧。

沉浸学习仪式

　　人类的大脑具有倾向选择轻松事情的特性，如果持续做同样的事情大脑会觉得很轻松，这叫作"大脑惯性"。

　　由于大脑惯性，在看电视、玩手机之后，大脑很难切换成学习的状态。这时就算对孩子怒吼"快去给我学习"，最后也只会发展成一场争吵。

　　孩子的脑子里除了学习还有很多杂七杂八的事情，为了让他们的大脑从这些事情中切换到学习模式，就要让孩子形成自己的节奏与流程。

　　也就是说，要让他们自己将沉浸于学习的状态仪式化。

　　很多运动员都有自己独特的仪式，称之为"日课"。比赛前每日重复进行使行动模式化，养成习惯，并且保持相同的精神状态，提高注意力。

　　可以让孩子按照以下的顺序作为沉浸学习的仪式。

① **在纸上写下目标，如"一天学习一小时"。**

重点是要写得具体，语气要肯定。

② **把写着目标的纸贴在墙上，一定要在空白时间中注视5秒。**

在游戏中通过一个关卡的时候、电视节目结束的时候、用手机发完邮件之后，在一件事情告一段落后的空白时间中，就要注视墙壁上贴着的目标，创造出"没有玩游戏的状态"。

③ **一边注视目标一边进行自己定下的仪式，同时出声说："要去学习了。"**

仪式选择可以感受到身体刺激的动作更有效果，比如咬牙、拍手、尽全力伸展身体等，不必拘泥于动作的形式。此外，发出声音告诉自己"要去学习了"，可以更容易地切换心情状态。

④ **走向之前定好的专用区域。**

学习的专用区域不限于书房和书桌。如果可以沉浸于学习状态的话，有时，客厅的桌子是一个更好的学习区域，因为在父母的视线范围内可以随时对孩子进行表扬。

不过，如果是旁人强加给孩子这些步骤的话是没有意义的。让孩子自己发现属于自己的仪式，可以让他们自己惊呼道："就是这样！"才能让心理暗示效果成倍增加。

注意力不能集中就进行
集中注意力仪式

　　"不知不觉竟然学习了两个小时！"

　　听到孩子这么说时，父母可能会觉得孩子很厉害并对孩子进行表扬吧？但从大脑活动的角度来说，并不推荐进行中途不休息、长时间、持续性的学习。

　　大脑疲劳会导致注意力下降。干劲不足，脑内物质的分泌也会变差，信息传递功能也会下降。也就是说，辛辛苦苦学习了那么久，脑子里什么也记不住。

　　所谓的"注意力"，即自发的主动注意力与必要信息自然流入的被动注意力两者达到平衡状态。而且，如果这时掌管积极性的中枢也在工作的话，大脑的效率就会提高。

　　但是，注意力持续的时间比想象中的短，只有5~10分钟。为了使注意力一直处在峰值，可以在学习过程中适当地休息一下。除此之外，玉爷爷教给美知留的集中注意力仪式也很有效。

集中注意力仪式一：
眼球转动操

注意力与眼球的控制有着密切的联系。所谓注意力就是如何自主控制眼球，极端一点的说法就是将视线固定在某一点上。

虽然说固定视线，但并不意味着单纯地将眼球固定住。集中注意力注视某一点的时候，人的头部会发生细微的动作，为了补偿这种不稳定，就需要移动眼球。

大脑额叶的前额眼动区与这种眼球控制密切相关，在给予主动注意力的时候，这个部位就会被激活。

也就是说，可以通过移动眼球来活跃前额眼动区，使用"看"的机制来提高注意力。

具体方法很简单。

① 注视一个四角物体的中央，如笔记本、书桌、黑板等。

② 头部不动，只让眼球沿着物体的四个角逆时针按照1，2，3，4……8的节奏，缓缓转动两周。

③ 再顺时针转动两周。

④ 结束后，深深地呼出一口气。

眼球转动操在集中注意力的同时，也可以有效去除杂念。

有的孩子会在课堂中不知不觉走神，或者一做作业就犯困，父母可以教这些孩子做眼球转动操，会有较高的概率恢复注意力。

集中注意力仪式二：
拍打

　　焦躁不安、无法集中注意力、学习进程不顺的时候，拍打身体产生刺激很有效。

　　将手掌放在大腿上有节奏地拍打，最好同时闭上眼睛深呼吸，这样效果更佳。

　　通过拍打的动作可以将刺激从身体传达到大脑，去甲肾上腺素系统容易活跃起来。另外，有节奏的运动会使血清素系统更加活跃，可以帮助集中注意力，容易进入被动注意的状态。

全情投入仪式

　　进行仪式时有一件重要的事情，就是不管进行启动仪式、集中注意力仪式还是沉浸学习的仪式，都要全情投入地进行。

　　我曾经进行过"切白菜时的脑活动"这一实验，实验目的是验证普通状态切白菜时的脑活动与全情投入切白菜时的脑活动有什么不同。

　　实验结果显示，全情投入时额叶会更加活跃。

　　不管是切菜的时候，还是打扫、洗衣服、记账的时候，不管是单纯的家务工作还是其他什么事情，全情投入的话大脑会更加活跃。

　　可以想一想多米诺骨牌这个游戏。一般玩这个游戏时，都要等距摆放几百枚骨牌，如果在摆放途中不能一直保持高度的精神集中，一个不小心，就会前功尽弃。想一想玩多米诺骨牌时的注意力，就能理解全情投入与激活大脑之间的关系了吧。

　　在反复做某件事时，一开始就全情投入的话大脑会被强烈地激活，也会迅速地安定下来。

　　这也使孩子的耐心可以提前形成。如果没有从一开始就那么全情投入的话，形成习惯需要很长的时间，在这期间大脑是不会自发地去学习的。

　　请告诉孩子：如果想要激发学习的干劲，就全情投入地进行这些仪式吧。

给孩子进行注意力检查

　　恭介马上尝试起了玉爷爷教给美知留的集中注意力仪式。究竟效果如何呢？后续会在第三章详细说明，敬请期待。在第二章的最后，让我们检查一下孩子在课堂上的注意力吧。

　　孩子在课堂上是什么状态呢？是可以聚精会神地听讲呢，还是因为没有干劲而烦恼呢？如果不能集中注意力上课的话，那是因为大脑没好好工作，没有进入活跃的状态。

　　接下来请委婉地问问孩子上课时的状态。

□ 在笔记本与课本上乱画。

□ 不知不觉中就会在课堂上走神。

□ 一听到什么动静就会马上被吸引走注意力。

□ 听到不明白的地方思绪就会被困住。

□ 即使眼睛在看，课本上的内容也进不到脑子里。

□ 非常依赖手机。

□ 做作业拖延。

□ 发生争执或者被批评后会记仇。

□ 早上不吃早饭就去上学。

□ 总觉得无聊。

□ 自己的房间、书桌、书包都是乱七八糟的。

符合的条目越多，证明你的孩子越有可能在课堂上的注意力比较低。如果是这样，比起训斥孩子，不如和孩子一起创造出适合孩子的学习启动仪式和集中注意力仪式等。

第 三 章

培养学习兴趣的步骤

提高记忆力

85

今天上了社会课……

嗯嗯

虽然偶尔也会看看视频，

但是会去自觉做作业，也会跟我讲学校课堂的事情了。

但是……

他的数学不知道是不是随了我啊……

只是翻开课本就开始感觉厌恶了。

怎么，不擅长的科目还是感觉学得吃力对吗？

86

87

90

91

能吃＝喜欢

不能吃＝讨厌

对于人类来说，根据生物学的价值判断，其中"喜欢"或"讨厌"这样的好恶判断占了很大的比例。

狩猎采集的时代

这个真好吃！记住了！

伴随强烈情感的事情会被海马体记住。

即使没有兴趣，即使觉得困难……

也要将快乐的感情与情绪灌输在脑海中。

我……我现在正在记忆一件了不起的事情！！

强烈的情绪有用！

我让孩子认真听讲的原因就在于此，

认真听讲，按时预习、复习。

玉谷谷

只有强烈的认同情绪才会让孩子认真听进去。

95

第三章　培养学习兴趣的步骤　提高记忆力

死记硬背不等于学习！

　　也许是因为玉爷爷教授的启动仪式和集中注意力仪式起了作用，恭介开始自觉做作业，语文和社会的成绩似乎也提高了。美知留欣慰道："这都是你每天努力学习的成果呢！"但是恭介却一脸不开心地跑出了房间，因为恭介不擅长数学，成绩依旧不尽如人意。

　　不少孩子和家长都把学习与死记硬背混为一谈，觉得学习就是把是什么、为什么，还有其原因与结果等全都死记硬背下来。

　　一旦遇到无论如何也记不下来的时候，就会消极地判断自己不擅长这门功课，感叹"果然不是学习的料""脑子不好使"。

　　但是，学习并非死记硬背，而是巩固学习内容，从而强化其在脑海中的印象，也就是所谓的"理解"。因此，一个人学习好与其说是记忆力强，不如说他是记忆的固化率高。

　　要使记忆的固化率提高，可以在使用大脑时运用一些小技巧。如果掌握了这些技巧，就可以有效地提高孩子学习时的记忆力。

提高记忆力的大脑使用方法一：
越是厌恶越要多看

　　美知留向玉爷爷抱怨道："只是翻开（数学）课本就开始感觉厌恶了。"其实在生活中，我们不仅会逃避不擅长的科目，所有不喜欢的东西都不想看到。

　　这种逃避困难的行为，会更加加剧我们这种"不擅长""做不好"的意识。

　　我们的大脑中存在对看到的事物产生好感的机制，看得越多越会产生喜欢的情绪，有一个有趣的实验证明了这一点。

　　10年前，在美国原总统奥巴马成功当选总统的同时，这一研究结果得到了发表。

　　研究的主题是：有非洲血统的奥巴马成为总统后，美国对黑人的歧视会减少吗？

　　研究的结果是：理论上有可能减少人种歧视。

　　研究中，对作为实验对象的20位白人大学生进行训练，让他们对相似的黑人面容进行识别。让实验对象观察几张肖像照片后，再添加几张新的照片混在一起，然后让实验对象对这些照片进行区分，选择出哪些是看过的照片，哪些是没看过的照片。

在10小时反复训练的前后，分别对实验对象进行一种叫内隐联想测验（IAT）的偏见程度测试，结果发现，识别脸部能力显著提高的学生偏见程度变低了。这是因为白人大学生在识别脸部照片的阶段长时间观察黑人的脸。

越是厌恶越要多看

人们对看得多的事物会产生好感。母亲和孩子互相凝视后进行哺乳的行为，是通过互相凝视来增进感情的最典型的例子。

除此之外，在观察的过程中越是能看到更加细微的差别，就越能更加容易地识别出个体，从而对于整体的偏好度越会上升。

让我们把恭介的例子代入到这个结论里来看一看。

掌管记忆的海马体的入口处生长着杏仁核，杏仁核对"喜欢"或者是"讨厌"的感情进行判断。杏仁核是与感情密切相关的部位，是决定好恶的根源，会对选择项进行筛选，在此基础上，掌管逻辑的额叶会在对选择项进行斟酌后做出决定。

恭介似乎不擅长数学。当恭介每次觉得"我讨厌数学"的时候，杏仁核便对海马体发送"厌恶"的信号，对于数学的记忆就会被贴上"痛苦"的标签。

而且，"厌恶"的信号会传达到大脑积极性相关的部分，对数学的热情也会降低。这个恶性循环就是"厌恶脑回路"。

相反，如果恭介觉得"我喜欢数学"时，拿起数学课本等这种无意识的行为都会被贴上"喜欢"的价值判断标签，这样就能在不知不觉中积极学习数学了，这种良性循环就是"喜爱脑回路"。

恭介认为自己学不好数学，他的脑子里，光是想到数学就已经进入了厌恶脑回路的状态，这样下去的话永远都学不好数学。

为了让恭介减少"我不擅长数学"的想法，就要多观察分析"不擅长"的具体内容。不要草率地将数学限制在"不擅长"的框架中，要对其进行细致的观察分析。

讨厌数学的什么部分呢？觉得困难在哪里呢？去年也这么觉得吗？觉得去年和现在比起来困难程度一样还是不一样呢？怎样才能减少觉得困难的心情呢……

花时间搞清楚每一项问题中的厌恶程度，这样一来，对数学的厌恶感就有可能逐渐减少，或者说是大大减少。

进行更加细致的观察不只是对孩子的要求，请父母与孩子一起进行观察。

恭介的数学考了56分，美知留对这个分数似乎不太满意，但学不好只不过是父母的单方面判断。重要的是父母要找到孩子学得好的部分，并将其进行强化。

具体是什么部分学得好？

学得好的部分是怎样学会的呢？

父母不妨和孩子一起探讨一下吧！

提高记忆力的大脑使用方法二：
让自己产生喜欢的情绪

搞清楚对数学各个部分的厌恶程度后，接下来就要下功夫把不擅长的数学和"喜欢"的感情联系起来，使其成为喜爱脑回路。

你曾经有过这样的经验吗：在做一些困难的事情时，自己在脑子里暗示自己做这件事很快乐。如果有的话，请回想一下当时的记忆。是不是虽然事情还是困难的，但做这件事的时候厌恶的心情转变为愉快的心情了？

如果给困难的事情贴上"快乐""喜欢"的标签，那么喜爱脑回路便会更容易被激活。

以恭介的情况为例，在他学习自己不擅长的数学时，可以坐在书桌前，做出打开数学课本与笔记本、拿出文具等一系列自然的行动，同时将"喜欢这种行为"的想法注入大脑中。这样一来，恭介的大脑中就会出现喜爱脑回路，变得干劲十足，大脑也可以活跃起来。

对于觉得学习很难，不愿意学习的孩子，建议他们在准备去学校之前就调整心情，带着"喜欢"的心情去上学。

喜欢确认课程安排、喜欢课前准备要用的课本、喜欢把笔记本放进书包……像这样，将与学习相关的一个个喜欢的情绪积累起来，就会成为一个契机，使得感到学习困难的想法慢慢减少。

提高记忆力的大脑使用方法三：
全情投入

大家可能都知道感情是大脑的养料，没有感情的死记硬背对于大脑来说是十分困难的。

就像玉爷爷说的一样，即使没有兴趣，即使觉得困难，也要将觉得有趣、快乐的情绪注入大脑，激活喜爱脑回路，让大脑活跃起来，促进记忆的巩固。

对人类来说，在生物学价值判断中，"喜欢"或"讨厌"这样的好恶判断占了很大的比例，"喜欢"的价值判断给大脑带来的积极影响远远超出大家的想象。

另外，海马体是与创造记忆有着密切关系的大脑器官，杏仁核负责判断好恶，可以令杏仁核兴奋活跃起来的事情也可以打开海马体的信息大门，提高记忆的效率。

因此，强烈的喜欢与强烈的厌恶，都会给人留下深刻的印象。

如果想要留下深刻的印象，就要把想要记住的想法深深刻在脑海中。比如说，带着兴奋期待的心情在脑海中默念道："我一定要记住三角函数！""我一定要记住运动法则！"就像恭介一样，即使是强迫自己，也要将"我现在正在记忆一件了不起的事情"的感情灌输进大脑，从而巩固记忆。

在序章中，玉爷爷说过："要认真听讲，按时预习、复习。"大家还有印象吧？这里的"认真听讲"就是指带着认同的感情听讲。与此同时，将兴奋与期待感灌输在脑海中也十分重要。

即使上课的时候不能很好地理解老师说的话，或者有点发困，也要先带着认同感一边点头一边听讲，这样就会容易把听到的内容留在记忆里。在回家学习的时候，也试着一边带着认同感一边学习，试着发出声音，这样效果更佳。

在面对面听人说话的时候，配合对方说话的内容与时机，带着认同感不时点头的话，可以记住大量对话内容。在实际的实验中，也验证得出了点头这个行为与记忆的相关性。

父母请先带着认同感让自己体验到学习带来的感动吧，这才能让镜像神经元发挥最大的作用。

因人而异的记忆方法

但是，对什么事情产生感情、要怎么理解，这是因人而异的。对于不同类型的人，适合的记忆方法也是不同的。你的孩子是哪种类型呢？

○更容易理解听到的信息，并产生情绪的"听觉派"。

○更容易理解看到的信息，并产生情绪的"视觉派"。

○更容易理解身体感受到的信息，并将这种感受与情绪连接的"身体感受派"。

对于听觉派的孩子来说，抑扬顿挫的讲话更容易产生情绪效果。

同样的一句话，平淡的语气讲出来和抑扬顿挫带着感情讲出来，对于听觉派的孩子来说，效果是截然不同的。

一般来说，语言的理解是由左脑的韦尼克区进行的，但是在声音带着感情抑扬顿挫的情况下，右脑的韦尼克区的相同位置会进行活动，听觉派的孩子就是利用了这个活动。

对于听觉派的孩子来说，不断重复的声音会帮助他们记忆，产生效果。学习语言的方法之一就是重复不断地听。

另外，听别人的总结发言会有意外的效果，如果想要好好利用这一特性，学校的课堂可以说是创造情绪的宝库。

当然，这些方法视觉派与身体感受派的孩子也可以使用。

对于视觉派的孩子来说，图像记忆是强化记忆的关键。

据说我们大脑使用的信息，其中七成都来自视觉处理信息。因为人类是视觉优先的动物，所以对很多人来说，充分利用视觉信息是强化记忆的关键，具有视觉优势的视觉派的孩子更是如此。

就像为了留下照片的细节而按下快门一样，用拍照片的感觉来记忆，是适合视觉派大脑系统的记忆方法。另外，整理笔记时多用图形或者图表，也是符合视觉派的总结笔记的方法。

将信息转化为影像来记忆，会记得更清楚。这种影像记忆法对于所有人都有效，但对视觉派会尤为有效，欢迎大家尝试。

对于身体感受派的孩子来说，伴随着身体动作或者跟着某一个节奏记忆的话会很有效果。

如果是学习历史，就将自己代入历史人物，进入角色，设身处地地去一遍遍感受。如果是学习数学和物理，就想象一下视角的变换以及真实的触感。

带着兴奋与期待感去学习，如果真的有"用身体去记忆"的感觉的话，功课就容易理解了。

除此之外，还有一条对所有孩子都适用。当我们在学习时，主要是控制记忆的部分大脑在工作；在运动时，主要是控制身体运动的部分大脑在工作。

所以，在学习的间隙。可以做一些简单的体操来刺激大脑不同的部分，形成容易记忆的状态。而且，轻运动还有助于在学习中转换心情，一举两得。

记忆会随时间消逝

在多加观察分析之后，激活喜爱脑回路，全情投入地学习，选择合适自己的记忆方法，努力去记忆提高记忆固化率，但是即使以上这些努力全都做到了，事实上在考试的时候，孩子还是会遇到想不起来的情况，会在考场上头疼："这个好像在课本上看到过，但怎么想不起来了呢……"这是因为没有人可以过目不忘，且记忆是会随着时间消逝的。

根据记忆的保持时长，可以做出以下3种分类：

【短期记忆】可以保持几秒到1分钟的记忆。15秒内便会消失90%的记忆。

【中期记忆】通常保持几秒到几天，长则可以保持一个月左右的记忆。9小时内会消失一大半。

【长期记忆】可以保持几周到几年的记忆。

请先清楚地认识到，记忆是会消逝的。

但是，有办法可以留住不断消逝的记忆，那就是不断地重复。如果代入到孩子的学习中，就是要预习与复习。

一般被说记忆力好的人都会很了解自己的记忆状态。过多长时间会忘记多少，什么内容容易记住，什么内容不好记……他们知道自己具体的记忆习惯，并且了解自己的遗忘模式。

所以，配合着自己的遗忘模式，在恰当的时机有效率地进行复习，对记忆进行巩固使其固化下来，是一个不错的方法。

提高记忆力的大脑使用方法四：
了解自己的遗忘模式

　　记忆分为三个阶段，分别为：把信息装进大脑的输入阶段、对得到的信息进行保存阶段以及将保存的信息调出的调取阶段。不断重复这些步骤，大脑额叶就会形成一个仿佛书库的储存空间，从而提高记忆力。

　　当清楚地知道自己在输入、保存、调取这三个阶段中哪个阶段最为薄弱时，我们就可以了解自己的遗忘模式了。

　　如果将这三个阶段比作学校的学习，就相当于预习、听讲、复习这个流程。一旦了解了自己的遗忘模式，就可以将其作为基准，了解预习、复习的方法与时机。

　　接下来让我们来测试一下孩子们的遗忘模式吧。可以让孩子们自己做以下测试题目，或者父母回想孩子的日常行为，选出最符合他们的选项。

【A】

□单词的拼写必须重复抄10遍以上才能记住。

□明明记得公式，一旦要用就不会了。

□告诉他三句以上重要的话后，最开始的一句马上就会忘记。

【B】

□第一节课的内容到了中午就忘了。

□定期小考的内容一考完就忘记了。

□刚背会的单词中，会有超过三个单词完全记不起来。

【C】

□明明认真学习了，但一到考试的时候就常常记不起来重要的地方。

□在对答案的时候，经常会有恍然大悟的感觉。

□在对话时，大量使用"嗯""那个"等这样毫无实际意义的词语。

【A】【B】【C】三组都有选项符合的孩子

具有不擅长信息输入的倾向。预习、复习的要点是：要找到记忆的窍门。

中期记忆大约9小时就会忘记大半。当天课堂的内容，在学校学习的时候总觉得自己是记得的，但随着时间的流逝就会迅速遗忘。

但是，如果能抓住时机，在快忘了一半的时候复习的话，逐渐遗忘的量会减少，相对地，掌握的知识量会增加。

但如果在刚开始遗忘的时候反复进行信息输入，记忆的固化率便会提高，保存与调取也会变得轻松。

特别是数学与物理，作为复习，做大量的练习题来重复记忆知识点，对信息输入有很大的效果。

当我们想提高某项体育运动能力时，为了抓住要点，会模仿擅长此项运动的人的动作和思考方式。实际上数学与物理的学习方法也是如此，可以像练习篮球运球一样不断做练习题，记住题目的解答方法，巩固知识点。

符合【B】组选项最多的孩子

具有不擅长信息保存的倾向。预习、复习的要点是：在忘记的时候重新记忆。

当天的课程即使当天复习，3天后也会忘记一半。于是在这个时机就可以简单地重新记忆一下。即便如此，一个月后还是会忘记一半以上，这时可以再粗略地复习一下。这样重复地记忆是最有效率的，可以使记忆固化。

一般记忆力强的人会在记忆消失三四成时进行复习，而且会尽可能简单地进行复习。因为如果在复习时投入过多精力，记忆力就不能持续很久。

学习的时候也需要努力使重新记忆的工作变得更简单。建议将想要记住的东西总结成浅显易懂的形式，粗略地看一下就能达到复习效果。

符合【A】【C】组选项的孩子

具有不擅长信息调取的倾向。预习、复习的要点是：确认是否进行了大量反复训练。

考虑到遗忘模式，预习的最佳时间是上课的前一天。如果太早预习，好不容易输入的内容就会被遗忘，预习的效果就会减半。

听课时带着认同感并连连点头是最适合这类孩子的方法。即使上课的内容有的听不懂，或者有点发困，都要不断重复地点头，带着这种认同感去听讲。

还有，可以把课堂的状态与老师讲的内容当作一个故事，像电影一样记住，这样就可以更容易地进行复习了。这样在调取信息的时候，就会像记起电影中的某个画面一样了。

接下来，可以在下课时把眼睛闭上，在脑子里把课堂上学到的知识简单过一遍，这样有助于知识的整理。

之后在遗忘的时候可以进行几次复习。这时，想象着课堂的状态与老师讲的内容，将记忆调取出来，然后进行再次输入，这是一种行之有效的方法。把信息当作电影一样记忆，调取信息的时候就会变得简单。

按照以上步骤，一步步地把记住的内容调取出来再次输入，这就是提高记忆效率的窍门。

提高记忆力的大脑使用方法五：
掌握复习的时机

我们已经知道了孩子的遗忘模式，接下来就来了解一下复习的最好时机吧。

关于复习，我刚才提到了几个时间点："快忘了一半""忘记三四成的时候""不可以过早"。如果1年365天不间断地调取记忆进行复习，即使你没有刻意去记，记忆也会被固化，而且不用麻烦任何人。但这是不现实的，因此，复习的时机是很重要的。

能将复习效果最大化的第一个时间点就是学习结束时。在学习结束后，立刻将记忆调取出来，通过具体的想象来进行复习。

复习的第二个时间点就是在第一章中提到过的"学习后的12小时"。如前文所述，使用大鼠作为实验对象的实验报告证明，在学习后的12小时这个时间点进行复习，记忆会得到巩固。

在家里的预习、复习与在学校的上课时间大约有12小时的时间跨度，这是一个非常合理的周期。另外，学习结束后就尽量当场在脑子里过一遍学到的内容，这样复习的效率会大大提高。

复习的第三个时间点就是在学校的课后复习。根据复习最佳时间周期的实验结果，记忆最容易被固化的时间点是从学习到最终考试的期间时长除以6。

假设将60天后的考试作为目标，那么今天学的内容在第10天复习就是最佳的复习时机，也就是学习后的第二周左右。如果目标是12个月后的考试，那2个月后就是最佳的复习时机。

如果利用这个周期，就可以计算出第二次、第三次的复习时间点。假设整个周期为60天，$60 \div 6 = 10$，第一个复习时间点就是第10天。剩下的50天再除以6，那么第二个复习时间点大概就是8天后。

提高记忆力的大脑使用方法番外篇：输出

复习的时间点很重要，同时，提高记忆固化率也是有技巧的。

在第一章中曾经提到过，人的大脑具有输出依赖性。输出依赖性就是指通过信息输出来激活大脑，提高大脑性能。对于大脑来说，将学到的东西输入大脑，想要记住却怎么也记不住，但是如果运用、说明或者展示一下学过的东西的话，大脑就会判断这个信息很重要，从而更容易记住。

请再次回看第一章中介绍过的学习能力进步曲线图。从起点开始，将会持续一个看不出明显进步变化的阶段，这个阶段包含着信息的输入和输出。在不断反复的输入和输出的过程中，知识慢慢积累，一旦到达B点，知识之间就会像网络一样，瞬间紧密地联系在一起。

这个时候，单纯的知识会变成智慧，孩子的世界将变得豁然开朗，对于学习的兴趣开始萌芽，于是孩子就开始自然而然地自己爱上学习了。

学校的考试也可以说是一种输出。为了促进孩子多多输出信息，我们父母在家里可以这么鼓励他们：

"连这个都知道，真了不起！快给妈妈讲讲，让妈妈也学一学！"

孩子能够用自己的语言来讲解，这就说明已经对这些内容充分理解了。即使不能流畅地说明，这也是一次可以让孩子一边输出信息，一边整理知识的机会。

可以在孩子说明讲解后进行一些提问。为了不让孩子们感到厌烦，可以问一些容易回答的问题。

以上，就是提高记忆力的大脑使用方法的番外篇。

第 四 章

向 着 未 来
跃 进

达
成
目
标

儿童柔道

大家再见

下次见啦!

欸!

玉爷爷果然这么厉害啊。

真羡慕啊，说起来，我家的铁平……

最近和他爸爸一起爱上水族馆了……

是真的!

恭介开始自觉学习真的太让我开心了!!

124

每周都要
去水族馆,

说将来想要
当鱼类的研
究学者呢。

哇,那不是很好嘛!

学校一下课就匆匆
忙忙赶去水族馆。

和人家比起来……

我要当视频博主!

果然

还是让人担心啊!

125

126

当视频博主不是挺好的嘛。

现在可是能用网络轻松发布任何信息的信息时代啊，挺好的。

欸？

现在已经进入 AI 时代了，所以计算机所没有的想象力和创造出新生事物的创造力会变得越来越重要。

VR 技术需要很多相关知识，可以学习这些相关知识不是一件好事吗？

这个……话虽如此……

127

学习和实现目标是一样的道理。

的确如此……没有成就感就很难产生干劲呢。

目标
提高成绩

比起将"提高成绩"作为目标……

提高多少分？

怎么做才会提高？

?

不知道到底从何入手……

目标
每天做 4 页练习题

把"做 X 页练习题"作为目标更容易判断是否达成。

每天做 4 页就完成目标啦！

开始做！

当意识到完成的瞬间，多巴胺神经系统就开始活跃，

达成！！

下次继续！

这就是掌握知识的过程。

学习的行为会被强化，

130

可以把"不忘记做作业"作为目标吗？

比起否定形式的目标，肯定形式的目标更容易评价。

比如"在考试复习期间如果想看视频就做仰卧起坐"，

设置这样的目标，是否达成目标就一目了然了。

完成后

达成！！

而且目标最好是积极的！！

有一个方法，叫作"奇迹问句"。

在脑科学中，计划、打算被叫作"未来的记忆"，

明天去看场电影吧！

脑海中

未来的记忆

现在的大脑中会想象出未来的自己，

如果将这种大脑行为应用在学习中……

133

我理解你为孩子的未来担心的心情，

但是啊，

孩子总有一天会离开父母的。

父母可以做的……

唯有在孩子跌倒时鼓励他们站起来，不是吗？

134

话虽如此……

大脑最活跃的时刻，并不是平稳前行的时候，

而是在跌倒后重新站起来的时候。

嗯！

我只考了 56 分……

但是你这个地方做的是对的，很厉害啊！

下次努力就好了！

在这个时候称赞他们，

或者夸奖、鼓励他们。

孩子重新振奋起来的行为就会通过纹状体和愉悦感连接在一起，从而产生干劲。

接下来，

你一开始说"不都是一些理所当然的大道理嘛"，

说的不都是一些理所当然的大道理嘛，好失望啊！

亏我听说他是脑科学专家还期待了一下呢！

最后就是相信孩子了。

正是因为理所当然，父母才有必要多花心思。

理所当然的事情……

哈

136

但是，从事学术研究相关专业的话，听说就业方向很窄哎，

没关系吗？

的确是这样呀！！

但是有梦想已经很了不起了，不是吗？

铁平很喜欢海洋生物，会很喜欢被海洋生物围绕着工作呢。

说得没错啊！

恭介呢？

我……我家孩子啊……那个……

不论是什么样的梦想，

只要是恭介真的想要去做的就好……

我回来了！

妈妈回来啦？！

恭介，你是在做作业吗？

作业已经做完了！

现在是在复习啦！

138

139

嘿嘿，还为恭介准备了提高记忆力的菜谱……

滋滋~

富含卵磷脂的豆腐汉堡肉

接下来向大家介绍的是，

脑科学家——

欸？

玉爷爷！

看……
看来真的是
个了不起的
人物……

即使喜欢
上了学习，

变成只会学习
的书呆子小孩
也不行啊。

真正可以保
持学习动力
的是……

141

第四章　向着未来跃进　达成目标

目标的设定决定孩子的未来?！

通过玉爷爷教授的方法，恭介开始自觉学习，并且对学习有了自信。看到这样的恭介，美知留开心得快要跳起来了。和之前在家里连课本都不会翻开的时候相比，恭介对学习的兴趣有了明显的提高。

但是，当听到恭介的朋友铁平的梦想是成为海洋生物研究学者时，美知留的心中又萌生出不安的情绪。她觉得一直坚持想要当视频博主的恭介还是太幼稚了。美知留又找上了玉爷爷，向他吐露了自己的真心话："希望他可以上个好大学，再找个稳定的工作。"

但是玉爷爷说，成为视频博主本身并没有什么问题，问题的症结在于怎样设定目标。

目标的设定可以说就是确定努力的方向。孩子的未来如何与目标设定的方法息息相关。当然，不是随随便便设定一个目标就可以了，设置让孩子充满干劲的目标是有技巧的。

有效目标与无效目标

目标分为有效目标和无效目标。

像美知留的"成为社交网络红人"的目标就是典型的无效目标。就像玉爷爷说的一样，到底达到什么程度才能被称为"红人"？这样很难判断是否达成了目标，没有判断的标准就无法进行评价。如果不能评价，上瘾脑神经回路就无法被激活。

如果以"每天更新（社交网络）"为目标的话，是否达成目标就一目了然了，从而可以进行评价。一旦可以简单进行评价，只要一达成这个目标，多巴胺神经系统就会工作，学习行动被强化，自然而然就能激活上瘾脑神经回路。

这就是有效目标。

学习中的目标设置也是一样的道理。

"想学习变好""想提高成绩"都是无效目标的典型代表。到底提高多少分算是提高了成绩呢？根据什么可以判断学习好呢？判断标准模糊的话，无法进行评价，也就没有成就感，上瘾脑神经回路自然就不会被激活。即使是父母，不能对行为进行评价的话，也无法对孩子进行表扬。

那么，接下来让我们把"想提高成绩"这样的无效目标变成有效目标吧！

恭介设定的目标"每天做4页练习题"就是有效目标，可以简单清楚地判断出是否达成，并且可以进行具体的评价。设定这样的目标，孩子就可以得到成就感，美知留（父母）也可以夸奖孩子，孩子的上瘾脑神经回路被激活，从而使学习行为被强化，这就是理想中的良性循环。

目标要用肯定形式

　　一个有效目标的要点是：目标要具体且可以进行评价，除此之外，最好能是肯定形式的目标。

　　语言形式十分重要。很少有人会因为"你必须要××""你应该×××""你不×××不行"这样的话做出改变。因为这样的说法会让人容易感到有压力，并且有种被压迫感。

　　"想要×××"这样的话语，乍一看可能会让人想要行动，但实际上是一种很柔和甚至微弱的愿望，所以最后还是不会做出实质性的改变。

　　最终决定是否会改变行动的，在于想做的事情是否具体可行。

　　以恭介为例，如果设定的目标是"考试结束前不看视频"，那就会表现出"不应该看视频""不可以看视频"这样具有压迫性的感觉，也表达了一种"不想看视频"的愿望。

　　试着把这个目标改成"在考试复习期间如果想看视频就做仰卧起坐"，这样的话，语言表现和行动都是肯定形式，能明确地评价是否做到了。

与其压抑自己想要看视频的焦躁情绪，不如在想看视频的时候做仰卧起坐，这样会觉得自己战胜了自己，产生的成就感与自我肯定感上升，也会增强自信。

因此，目标最好要用肯定形式的行动来表现。

让目标染上积极的底色

目标还要具有积极的底色。

比如说，如果设置的目标是"这次的月考一定要进年级前50"，虽然是一个很积极向上的目标，但如果是带着消极情绪设置这个目标的话，就会出现以下情况：

【目标设置 消极情绪为底色】

目标：这次的月考一定要进年级前50。

↓

"上次没能达成目标的时候很难过啊……"

"爸爸妈妈也很失望……"

"如果这次也没达成目标怎么办啊？"

这时，你的目标就已经染上消极情绪的底色了。

所以，每次意识到目标存在时就会回忆起：

"上次没能达成目标的时候很难过啊……"

"爸爸妈妈也很失望……"

"如果这次也没达成目标怎么办啊？"

这样的话，在你每次设定目标时，带着消极色彩的回忆也会跟着一起涌上心头，这和直接回忆惨痛的过去没有什么区别，如此一来，怎么会有学习的心情呢？无论是多么积极的目标，只要一染上消极的色彩，就会让人顿时热情全无。

如果想要给目标染上积极情绪的底色，让每次想到的时候心情都会变好，那么就要带着良好的心态来设定目标。想象一下目标达成后的样子，给未来染上瑰丽的颜色。

【目标设置 积极情绪为底色】

目标：这次的月考一定要进年级前50。

↓

"如果进了前50我一定会超级超级开心吧！"

"达成目标的话一定会成就感满满！"

"爸爸妈妈会狠狠表扬我的吧！"

这时，你的目标就已经染上积极情绪的底色了。

所以，每次意识到目标存在时就会去想：

"如果进了前50我一定会超级超级开心吧！"

"达成目标的话一定会成就感满满！"

"爸爸妈妈会狠狠表扬我的吧！"

这样，达成目标的喜悦、成就感，被表扬的自豪感和快乐的想象都会出现，自然就产生学习的欲望了。

给未来的记忆染上瑰丽的颜色

在脑科学中，一般将计划要做的事情用"展望记忆"或"计划记忆"来表达，意思是与未来相关的记忆。

"明天去看电影"这样的安排一般被称为计划，或者是预定。

让我们来进一步分析。当你想着"明天去看电影"，让这件事情留在你的记忆之中时，这件事就已经成为与未来相关的记忆了。也就是说，当你考虑明天、1年后或10年后的事情时，就已经是在创造未来记忆的状态了。

从这个意义上可以说是大脑正在创造属于自己的未来。如果带着积极的心态来计划，未来就会变得绚丽多彩；如果带着消极的心态来计划，未来就会变得阴郁苦闷。在潜意识与能力提升的话题中，我们常常会听到这样的观点：有时候，构想的未来确实会被记忆所左右。

进一步实现目标：
奇迹问句

　　将具体的、可评价的、肯定形式的目标赋予积极色彩，这样孩子的上瘾脑神经回路便会活跃起来。在此基础上再提出奇迹问句，会更容易实现目标。

　　我在进行脑部研究的同时，还在大学的心理咨询室工作多年。在心理咨询的工作当中，奇迹问句作为一种思路与方式，与焦点解决短期治疗中的miracle question手法相似。

　　奇迹问句就是用愿景激发希望，假定问题是已经解决的状态，然后探寻问题解决后具体会发生什么、怎样才能解决问题、想要变成什么情况、解决后的状况等。

　　以这样的假设愿景来思考可以强烈刺激额叶。

　　具体运用起来的话，就像是美知留询问恭介：

　　"所谓的努力具体是准备怎么做？"

　　恭介说今后会努力，于是便可以这样提问恭介，让他在脑海中想象出努力什么、怎么努力，让恭介的上瘾脑神经回路活跃起来。

　　浮现出具体的动态影像式想象，对于大脑来说是一种现实的情景。"如果目标实现了，你会怎样呢？会发生什么改变呢？"像这样的奇迹问句能帮助孩子在脑海中更鲜明地描绘出自己努力学习的样子。

"努力之后，会发生什么改变呢？"

"想象一下努力的自己，和现在有什么不同？"

这样的问题也是有效的。

如此持续耐心地提问，带着已完成目标的想象设定一个近距离的目标，目标可以通过具体的行动来表现。如果这种表现方式是肯定形式且可评价的话，过去快乐的记忆会成为动力，在孩子的脑海中，学习的目标就容易实现了。

前文提到的染上积极底色的目标，如果也以已经达到的目标来进行想象，那么目标的积极色彩就会更强烈，且更容易实现。

"如果进了前50我一定会超级超级开心吧！"

"达成目标的话一定会成就感满满！"

"爸爸妈妈会狠狠表扬我的吧！"

如果有更具体且可行的行动方式在脑内形成真实的画面，孩子就会自然而然去改变了。

孩子振作时正是大脑活跃时

即使恭介可以设置有效目标，激活上瘾脑神经回路，但如果最终的目标还是成为一个视频博主的话，美知留好像依然对恭介的未来前途感到深深的不安……

玉爷爷察觉到了美知留的苦心，劝解道："孩子总有一天会离开父母的。"这是自然而然的事情。

因此，孩子总有一天会离开现在的家庭去远航。他们某天会开始脱离父母的管束，拥有自己的生活，这不是个别家庭才有的情况，是生物学上的本能反应。

所以父母能做的事，不是瞎操心孩子的未来，杞人忧天，而是在孩子摔倒的时候鼓励并支持孩子。

父母都想让孩子成绩优异，学习进步，当然，这并没有错。但更重要的是，树立目标后不断努力向着目标前进的过程。

孩子大脑最活跃的时候，并不是在达到目标的那一刻，而是在遇到挫折后努力振作重新站起来的时候。走投无路、山穷水尽之时，正是大脑机能活跃的时候。

如果你支持孩子的目标，希望学习的结果能以最好的形式表现出来的话，就在孩子遇到挫折的时候鼓励表扬他们吧！

"明明那么辛苦，却没有放弃学习，你做得太棒了！"就像这样，真心地鼓励赞扬孩子。

这样一来，连接行动与愉悦感的纹状体便会开始工作，孩子的干劲也随之而来。

克服困难的终究是孩子自己。

父母请做孩子最忠实的支持者吧。

并且在成为一个支持者的同时，也请成为一个好的榜样。

话虽如此……

大脑最活跃的时刻，并不是平稳前行的时候，而是在跌倒后重新站起来的时候。

我只考了 56 分……

但是你这个地方做的是对的，很厉害啊！

下次努力就好了！

在这个时候称赞他们，

或者夸奖、鼓励他们。

嗯！

孩子重新振奋起来的行为就会通过纹状体和愉悦感连接在一起，从而产生干劲。

父母的笑容引领孩子实现目标！

除此之外，父母请对孩子温言鼓励，多对他们微笑。

孩子听到谢谢、开心、可爱、温柔这些词时，会和被表扬时一样，前额叶皮质能够变得安定。即使只使用其中一个词，也有助于培养孩子的耐心。

另外，父母的笑容还可以促进孩子的杏仁核发育。

杏仁核可以判断好恶。当杏仁核判断出"喜欢"的感情并加强活动时，记忆中枢的海马体便会收到"喜欢"的信息。经过海马体强化后，"喜欢"的记忆便会再次刺激杏仁核，变得越来越喜欢。这就是在克服困难科目时提到的"喜爱脑回路"。

有一个证明杏仁核与笑容之间相关性的有趣实验[1]。

在猴子的杏仁核上放上电极，再给它们看人类各种表情的照片，并记录杏仁核的活动，结果发现猴子的杏仁核对笑容有很强的反应。并且，比起陌生人的笑容，饲养员的笑容能引起更强烈的

---

[1] 西条寿夫等《表情认知中杏仁核的神经机构》，《日本药理学杂志》125卷2号。

反应。

也就是说，笑容可以刺激杏仁核，尤其是身边亲近的人的笑容，反应会更加强烈。

父母要为孩子树立榜样，多温言鼓励孩子，多对孩子露出笑容。

也许你会觉得这些都是理所当然的陈词滥调，但如果你希望孩子能够实现自我的话，那就有必要费心做这些事情了。

请每天最少对孩子说一次"谢谢"。

"谢谢你今天也这么有活力。"

"谢谢你今天好好吃饭啦。"

"谢谢你遵守了我们的约定。"

不必拘泥于内容，但要真情实感地带着笑容，看着孩子的脸说出谢谢的话。

信任孩子

最理所当然的就是"信任孩子"这句话了。

如果你看完了接下来这个实验的结果，或许会比以前更愿意积极地去相信孩子了。

实验的主题是：期待与学习能力。

大约50年前，一所旧金山的小学进行了一场考试。

研究员事先告知班主任，这场考试是为了预测今后成绩会提高的聪明学生，之后让班主任公布了这场考试的结果。

在几个月之后，在考试中被预测为成绩会提高的学生们成绩果然都提高了。

但是实际上，这个考试并不是预测成绩提高的考试，只是一个单纯的小测验。给班主任的名单也只是从学生名册中随机选择出来的。尽管如此，名单中的学生们却真的提高了成绩。

这是因为老师对学生抱有期待，就会无意识地在课堂上多用心，热心地教导学生，在这种情况下，学生的成绩才取得了进步，所以得到了实验结果：被预测成绩会提高的学生的确提高了成绩。

教师对学生产生期待而使学生成绩提高的现象被称为"罗森塔尔效应"，相反，教师对学生没有期待而使学生成绩下降的现象被称为"戈莱姆效应"。

这个逻辑现象在家庭中产生的效果也引人注目。

家庭中有可能出现这样的情况：如果父母认为"我家孩子成绩会进步"的话，就会进行相应的照顾和激励，结果孩子的成绩就会提高。相反，如果认定"我家孩子学习不行"，就不会给孩子教育方面的帮助，最终导致孩子的成绩毫无起色。

虽然针对此效应还有各种各样的质疑，但相信孩子总比不相信孩子要好吧。

孩子自己本身也是如此。

如果格外想记住某件事情，就要把希望记住的想法深深刻在脑海中。就像前文中说过的一样，最重要的就是带着兴奋期待的心情，全情投入、深信不疑。因为不管做什么事情都坚信"这样有效果"的话，会更容易起作用。

都说越是坦诚的孩子越容易成长，可能就与这种机制有关吧。你要带着相信孩子会有进步的心情，期待着他们可以带着自信勇敢向目标前进。

创造学习脑的方法测试

在第四章的这一节，让我们来检查一下孩子的大脑习惯吧。根据大脑的习惯，目标的设定方法和学习脑的创造方法也会发生变化。

接下来就回想一下自家孩子的日常行为，进行下面的小测试吧。在符合孩子自身情况的选项上打钩，完成后就能得出最终结果，也可以让孩子自己体验这个有趣的小测试。

【A】

☐ 经常改变发型。

☐ 便利店或者药妆店的新品一定会去体验。

☐ 会突然开始做一件新的事情。

☐ 选择大学时倾向于选择去大城市的学校。

☐ 经常食言。

☐ 认为钱就是用来花的。

【B】

☐ 认为放心第一、安全第一。

☐ 容易疲倦。

☐ 容易认生。

☐ 比起和朋友面对面说话, 更喜欢微信等发送文字信息的方式。

☐ 比起外出更喜欢待在家里。

☐ 不太喜欢引人注目。

【C】

☐ 有很多关系好的朋友。

☐ 看电影或电视剧时容易感动落泪。

☐ 喜欢甜食。

☐ 很喜欢送人礼物, 取悦他人。

☐ 喜欢被表扬, 一被表扬就有干劲。

☐ 尽量不拒绝朋友的邀请。

【D】

☐ 总是把自己的房间打扫得干净整洁。

☐ 喜欢每天在固定的时间吃早餐。

☐ 包里会准备很多东西, 以应对特殊情况的发生。

☐ 看DVD时一定会看特辑或花絮。

☐ 不能忍受不会察言观色的人。

☐ 稍微胖了一点点就会想要减肥。

根据大脑习惯的分类确定学习方法

　　A组到D组中，符合项目最多的那组就是你或孩子大脑习惯的主要类型，符合项目数量一样的情况为两种类型兼备。有时你和孩子之间各种各样的问题就是两人大脑习惯的偏差引起的。

【A】挑战精神强烈但容易厌倦的"新奇探索型"

　　多巴胺神经系统被称为"行动的加速器"，这种类型的人因为多巴胺神经系统工作过度，所以非常喜欢刺激性的事情和新的事物，兴趣也会不断地变化。感情丰富，挑战精神强烈，但也具有三分钟热度、易热易冷的倾向。

　　新奇探索型的孩子在投入学习的时候，刚开始会干劲十足。虽然会下功夫研究记笔记的方法、积极努力制作计划表等，但基本上很容易厌倦，所以不能长久持续下去。

　　除了在学校的学习以外，课外一旦有兴趣爱好就会马上开始钻研。学习兴趣会保持一段时间，但是在出现成果之前就会逐渐减弱。

　　新奇探索型的孩子在起跑阶段的冲刺至关重要。无论是作业还是考试复习，都适合一口气做完。如果在制定日程、准备学习等方面花费太多时间的话，在准备阶段可能就会开始感到厌烦了。

考试复习时期，最重要的是需要注意：要让学习欲望可以持续到后期需要复习的科目，或者最好决定1天就复习1个科目。

放长假时，因为孩子跳跃不定的性格，安排在假期结束的一周前完成作业比较保险。

因为这类孩子喜欢新鲜的事物，所以比起反复做同一个习题册，他们更喜欢不断地做新的习题册。

另外，如果孩子开始挑战新的事情，请试着设定一个目标，不限制这个目标的形式。因为达成目标后的成就感是大脑变活跃的重要因素，是进行下一步的动力。

通过延长这些小目标来设定一个长期目标，让孩子想象一下自己未来的样子吧。如果挑战精神变成单纯的横冲直撞和三分钟热度，那就太可惜了。

如果能根据一个固定目标而采取行动，就可以充分调动孩子丰富的情绪。

【B】瞻前顾后的"风险规避型"

血清素系统被称为"行动的刹车""大脑安定装置"，风险规避型的人会因为血清素系统的作用过强或者过弱，变得喜欢安定，讨厌风险，有着踏实的想法与容易瞻前顾后的性格。日本人中很多都是这一类型。

这种类型的人因为喜欢熟悉的事物和人，所以在熟悉的领域会发挥出实力，但是不擅长开拓新事物。不了解自己的人和不熟悉的环境会成为他们的压力。

很多时候过于规避风险就会陷入消极负面的情绪，思绪会掉进一个死胡同出不来。

这种类型的孩子基本上不会因为习惯性的学习感到痛苦。

但是，这种类型的人虽然可以每天孜孜不倦地重复学习积累，可一旦安排的日程计划被打乱，就可能会泄气，一下子失去所有干劲。

想要保持风险规避型孩子的干劲，就要尽量避免大幅打乱日程计划。为了在一定程度上应对突发事件，最好提前安排好学习日程计划。

这种类型的人如果干劲低落下来，就要休息两三天，之后效率才会提高。这时，比起告诉他们"休息一下吧"，对他们说"这周慢慢来，我们下周再努力"效果会更好。

因为对于原则性很强的孩子们来说，在认定某一个具体计划的前提下再更改日程会容易些。

这种类型的孩子喜欢具有习惯性的事物，所以更适合认真反复做同一本习题册练习。

【C】强烈渴望认可的"奖赏依赖型"

这种类型的孩子总是喜欢和朋友一起嘻嘻哈哈，是内心温柔且喜欢撒娇的孩子。因为任何事情都喜欢和别人商量，所以想要和能够倾听的人成为朋友。

所谓"奖赏依赖"的"奖赏"就是被周围人认可的感受。如果没有这种感受的话会变得不安，一旦被否认就会瞬间崩溃。而在认可自己的人面前，就可以充分发挥实力。

奖赏依赖型的人之所以会有这样的大脑习惯，是因为决定大脑觉醒程度的去甲肾上腺素系统——其神经活动容易发生变化。因此，心情会剧烈起伏。

另外，如果去甲肾上腺素突然增加的话，会产生强烈的紧张感和愤怒感，所以他们也会因为某些事情突然发怒。

这种类型的孩子在学习方面也是一样希望被认可的。

"你真的很努力！""好厉害啊！""做得真棒！"……对于奖赏依赖型的孩子来说，这些夸奖就是最好的奖赏。但是在学校中，同学之间的学习能力不相上下，很难从同学那里得到表扬与鼓励。

这就需要父母的努力了。不仅要在家里自习时夸奖，也要夸奖孩子在学校学习时的表现："今天在学校很努力吧！"夸奖孩子的基本方法，就要像在近身战时先刺拳连打，之后再进行一击脱离一样。

如果孩子在上补习班，还要注意孩子在补习班里的人际关系是否顺利，如果孩子感到被否认的话，就有可能陷入低迷状态，难以振作起来。要注意观察孩子从补习班下课回家后的状态，如果感觉状态很奇怪，和孩子沟通一下，可以换一个补习班来尝试解决这个问题。

【D】好强的完美主义"固执倾向型"

这种类型是无论做什么都以追求完美为目标的类型。只要一开始做事情就会不顾一切地向前冲，不做到完美誓不罢休。并且也容易被"必须做某事"这种想法所束缚。

这种孩子对所有事情都充满自信，可以毫不顾忌地在自己的世界中大步前进，但是会因为无法忍受理想中的自己和现实中的自己之间的差距，导致自我评价很低。

这种类型的孩子喜欢一步一个脚印地踏实学习。

因为同时做多件事会有压力，所以在开始学习之前，最好先安排好优先顺序。

另外，让这种孩子有正在学习的实感也很重要。

养成在笔记本上记录"今日学习目标"的内容、在达成的内容后画○的习惯，这样就会切实地意识到学习的成果。

172

我想告诉所有人我的这些感受，

很难做到的吧？

真正可以保持学习动力的是……

心系世界，心系世人的目的意识。

如果可以以此为乐，那么多巴胺神经系统就会更活跃。

如果不能感到其中的乐趣，那么也会失去生活的乐趣。

尾声

不要让孩子成为只会学习的书呆子

玉爷爷以前所未有的严肃认真的形象在电视节目中登场，他说道："变成只会学习的书呆子小孩也不行。"

如果孩子除了学习之外不关注任何事，一味投入学习，那么学习能力肯定会提升，考试能取得高分，学习能得到进步。

父母可能会认为这就是理想状态。大概社会中追名逐利、渴望成功的人也会这么想吧。

父母希望孩子可以学习好，所以渴望得到学习的技巧。当然，拿起这本书的各位也都带着这种心情想让孩子多努力学习一点儿。我不会否定父母的这份苦心，但是"父母之爱子，则为之计深远"，所以父母要带着更长远的眼光，帮助孩子在人生的道路上更加顺利地前行。

即使学会了背诵的技巧，提高了背诵的能力，但高考试卷可以通过单纯的背诵解决吗？

即使考进了理想大学，但如果没有培养热爱生活的能力，以后的工作不会有创造性，也不会感受到生活的乐趣。

如果以考上名校为目标，可以激发人完成的事情是有限的。

我认为，学习真正的动力是"心系世界，心系世人"的目的意识。无论学习什么，都以为了世界、为了世人的心态去对待，并以此为荣，以此为乐。这样的话，多巴胺神经系统就会更加容易变得活跃，并会为活着的每一天感到快乐。

从根本上来说，如果作为一个书呆子长大成人，对于孩子来说是不幸的。

尾声

所以希望父母也能考虑一下，到底是为了什么而学习，为了谁而学习。当孩子问"为什么非要学习不可呢？"的时候，请用你自己的语言告诉孩子学习的目的。

爱上学习，热爱生活的能力是必不可少的

对于只会死读书的孩子来说，可能很难想象所谓"热爱生活的能力"到底指什么。

为了帮助大家思考这个问题，我摘录了橘教授等人制作的"构成热爱生活的能力的指标"调查问卷的缩略版[1]来为大家介绍。

虽然我不太喜欢这样的说法，但是，如果没有下文所述的"自主性"和"社会性"的话，也就无法培养自发学习的能力。"能够自己发现问题"等因素，是构建爱学习的大脑不可或缺的条件。

接下来请一边阅读下文，一边和自己的孩子进行对照。

○ 讨厌的事情会明确地说出来

○ 喜欢服务他人

○ 会预想未来的事情并自己制订计划

---

[1] 出自筑波大学橘教授等人以在校教育相关人员和校外教育相关人员为对象，进行调查得出的"构成热爱生活的能力的指标"。

○ 会为花和风景等美丽的东西而感动

○ 能认真聆听他人

○ 爱自己

○ 什么都是自己主动去做

○ 不带消极情绪完成工作

○ 早睡早起

○ 不说任性的话

○ 不畏惧小失败

○ 能体会他人的痛苦

○ 能自己发现问题

○ 即使失败了也会很快振作起来

○ 和任何人都能友好相处

○ 在合适的场合做合适的事

○ 能以积极的目光看待事物

○ 分配给自己的工作会认真完成

○ 身体不容易疲劳

○ 不浪费金钱和物品

想看看到底是什么样的孩子会这么完美吗？

有这样的孩子或许大家都会喜欢吧。

我认为所有家长一定都希望自己家的孩子也可以这么成长。

会有父母希望自己的孩子以消极的目光看待事物、将分配给自己的任务敷衍了事、稍微一动弹就喊累、大肆挥霍浪费吗？肯定没有的吧。不管孩子学习怎么努力，如果上述这些基础项目无法做到的话，也是毫无意义的。

"学习好的孩子"是什么样的?

还记得在书的开篇提出的问题吗?

你觉得"学习好的孩子"是什么样子的?

是考试得高分的孩子，是平时成绩好的孩子，还是注意力与记忆力超群的孩子呢?

一般大家都会这么想的吧?虽然这些都没有错，但都不是完整的答案。读到这里，我想各位应该已经明白了吧。

学习好的孩子就是即使成绩没有立即提高也不会气馁，会继续努力，耐心等待学习成果出现的孩子。

为什么成绩没有立即提高也可以耐心地努力下去呢?那是因为掌握了自我奖赏的能力，所以他们的干劲就会持续下去。

明明付出了努力却没有达到预期结果时，没有失去干劲，而是鼓励自己道："下次一定可以，下次一定没问题!"然后进行下一次的挑战。

因为对他们来说，可以期待下一次挑战带来的愉悦感，所以才会有耐心继续努力下去。这正是可以让上瘾脑神经回路充分活跃、完全沉浸投入学习的状态。

这样的孩子会自己制订学习计划，能养成自主学习的习惯。

制定目标后积极努力地学习，即使犯了错误或者遭遇失败，也会通过这些经验教训探索出解决方法，向下一个阶段前进。通过自主学习掌握这种螺旋式上升的周期，会促进大脑的活跃，最终可以提高学习能力。

培养耐心，除了需要孩子自己的努力，还需要父母的帮助。

让孩子选择出适合学习的固定地点，让那个区域时时保持舒适整洁。

让孩子好好吃早饭，注意饮食平衡。

督促孩子进行适度的运动。

让孩子调整睡眠节奏。

另外，让孩子的情绪稳定也是父母应该注意的重要准备事项。

创造这样的环境，可以帮助血清素系统发挥作用，促进孩子耐心的形成。

美知留过去总对恭介发火，但现在美知留的言行已经可以化作培养恭介耐心的精神养料。在玉爷爷的帮助下，她对恭介的学习与未来一直抱有的不安感也在慢慢消除。虽然以前一直不支持恭介成为视频博主的梦想，但是看到孩子因为拥有梦想而变得可靠成熟的样子，美知留终于可以理解，并且笑着说"如果是恭介的话一定做得到"来支持孩子的梦想。

要相信自己的孩子，夸奖孩子，笑着支持孩子的梦想。

如果父母可以培养出孩子的耐心，那么孩子就会有很多很多机会去爱上学习了。

而且最重要的是，父母要让孩子看到自己享受学习、享受生活的样子。父母如果和孩子笑眯眯地说话，孩子的额叶就会活跃，从而使大脑产生愉悦感。在重复上述行为的过程中，孩子的大脑就会形成以愉悦的感觉去学习的惯性。

大脑会根据环境而变化。由于镜像神经元的作用，大脑会有与环境趋向同步的倾向。正因为如此，对孩子来说最亲近的父母就是最好的榜样，如果父母无论什么时候都微笑着面对生活的话，最终孩子的人生也会变得闪闪发光。

尾
声

尾
声

終章

心态决定孩子的智慧

本书的原型是写于2010年的《如何创造让孩子自己爱上学习的大脑》一书，在这本书写完的第二年，就发生了东日本大地震，地震给日本的东北地区带来了巨大的伤害。

我现在还保存有当时的剪报，剪报中报道了一对60多岁的夫妇，海啸过后，他们在一片废墟前微笑着接受了采访。

"我们是卖鱼的，捕鱼的渔夫们不回来的话我们就很难谋生了。但是如果他们不回来，我们就自己去捕鱼来卖。即使发生了这样的天灾，还是要笑对生活，鼓起干劲呀。大自然的力量的确很强大，但我们人类也是很伟大的，从古至今人类无数次跌倒了再爬起来。所以我们有朝一日一定会让这里恢复原来的生活的。"

隔了这么久再重读这份剪报，我不禁感觉到心态的重要性。

所谓的心态，是指由个人经验、接受过的教育、先入为主的观念等因素共同创造出来的思维模式，也可以说是无意识的信念。大体上来说，有两种相对立的观点。

一种是成长心态（growth-mindset），这种观点认为人的能力是可以通过个人经验与学习得到发展的；另一种是固定心态（fixed-mindset），认为人的能力是与生俱来、固定不变的。

两者的不同具体表现在，一个人遇到一件事时，是认为"有志者事竟成，只要努力了就能成功"，还是认为"即使努力了也是白费力气"。

每个人都是同时拥有这两种心态的，差异就在于哪一种心态更占上风了。在对事物进行判断的时候，处于上风的心态的确会影响人的生活方式。

在灾难刚过去不久，小镇与居民的生活都因这场灾难被摧毁得面目全非时，这对夫妇还能笑着说道："我们有朝一日一定会让这里恢复原来的生活的。"可以想象得到，他们在日常生活中也一定是带着"只要努力就能成功"的精神，是拥有成长心态的人。

孩子也是同时拥有两种心态的。在夸奖孩子的实验中，结果证明，不同的心态会影响孩子的智慧程度。

对努力保持乐观态度，拥有成长心态的孩子会自发地学习，从而能力得到提高。而认为努力是徒劳，拥有固定心态的孩子，有可能因为怕伤害到其他孩子的自尊心，或者是怕自己失败，而选择不进行竞争和挑战，最后就会导致这两种孩子的差距越来越大。

为了让孩子爱上学习，发挥出最大的能力，一定要有相信"我会进步""我能做到"的成长心态，这样才会最有效。

我相信，只要为孩子的将来稍加考虑，不需要前文中夫妇的事例，也会懂得这种成长心态有多么重要。

即使困难重重也要一往无前

重读剪报后的另一个感想：我再一次确认了全情投入的用心是多么重要。

"如果他们不回来，我们就自己去捕鱼来卖"，明知前方困难重重却一往无前，这是多么有魄力的一句话啊。

举个例子，如果你的目标是达到格斗界顶峰，不能一下子就将目标设定为格斗界金字塔顶端，而是要先通过空手道和拳击等具体的格斗技能学习基础，积累经验，慢慢提高实力，最终登顶站上顶峰。在这个过程中可能会有很多困难，但是如果不去克服的话，就无法到达最终的目的地。

人生不是游戏，没有攻略可以参考，所以要在人生的一次次实践中不吝惜付出自己的精力，克服困难、一往无前。

这与其说是要对孩子说的话，不如说是希望父母记住的话。

如果希望孩子爱上学习的话，请父母不要吝惜时间与精力，创造一个可以集中精力学习的环境，微笑着温柔地对孩子讲话，调整生活节奏，自己爱上学习，为孩子树立一个好榜样。

今后，科技会将人类从劳力中解放出来，这既有好的一面也有不好的一面。但以脑科学的观点来看，在这样的条件下，仍然不吝惜努力的大脑是优雅的，是温柔的，也是有人情味的。

我希望在今后的时代里生活的孩子们，仍然能够孕育出有人情味的大脑，为了社会、为了他人做贡献。这些贡献也会反哺到每个孩子的身上，促使孩子的大脑变得更加有人情味。

最后，为了让孩子们可以创造出瑰丽的未来记忆，请父母们今后也要相信孩子，在孩子身旁默默地注视着他们，陪伴他们成长吧。

© 民主与建设出版社，2023

图书在版编目（CIP）数据

小学生的自主学习法 /（日）筱原菊纪著 ;（日）松
浦箱子绘；张越译 . -- 北京：民主与建设出版社，
2023.7

ISBN 978-7-5139-4280-5

Ⅰ . ①小… Ⅱ . ①筱… ②松… ③张… Ⅲ . ①小学生
－ 学习方法 Ⅳ . ① G622.46

中国国家版本馆 CIP 数据核字（2023）第 120781 号

"MANGA DE YOKU WAKARU KODOMO GA BENKYOZUKI NI NARU KOSODATE" by
KIKUNORI SHINOHARA Illustration by HAKO MATSUURA
Copyright © 2019 Kikunori Shinohara
All Rights Reserved.
Original Japanese edition published by FOREST Publishing, Co., Ltd.
This Simplified Chinese Language Edition is published by arrangement with FOREST
Publishing, Co., Ltd. through East West Culture & Media Co., Ltd., Tokyo

版权登记号：01-2023-3193

小学生的自主学习法
XIAOXUESHENG DE ZIZHU XUEXIFA

著　　者　［日］筱原菊纪
绘　　者　［日］松浦箱子
译　　者　张　越
责任编辑　王　倩
策划编辑　刘　可　王　玉
封面设计　扁　舟
出版发行　民主与建设出版社有限责任公司
电　　话　（010）59417747　59419778
社　　址　北京市海淀区西三环中路 10 号望海楼 E 座 7 层
邮　　编　100142
印　　刷　文畅阁印刷有限公司
版　　次　2023 年 7 月第 1 版
印　　次　2023 年 8 月第 1 次印刷
开　　本　880 毫米 × 1230 毫米　　1/32
印　　张　6.75
字　　数　45 千字
书　　号　ISBN 978-7-5139-4280-5
定　　价　45.00 元

注：如有印、装质量问题，请与出版社联系。